みんなしあわせになあれ!!

ふたごママ子育て支援奮闘記

―佐賀新聞「日だまり」「ともしび」より―

中村 由美子

発刊に寄せて

「日だまり」と「ともしび」の輪がひろがりますように

田口香津子（佐賀女子短期大学学長）

私が最初に出逢ったのは、20歳の由美子さん。朗らかな短大生で、裏表のない率直な言動は周囲の信頼を得ていた。久しぶりに再会した時は、双子をふくめ3人のお母さんになっていた。子育てサークル連絡会で、たくさんのママ友と一緒に活動している姿は、短大時代と変わらない、明るく前向きな印象だった。その彼女から、双子の子育ての話を聴いた。同じく3人の子の母で、苦労は人並みにしてきたと自負していた私にとって、想像以上に衝撃的な話であった。

ふたりの子どものサインに交互に応えて、いいお母さんになろうとがんばる毎日は、まとまった睡眠がとれずに、心身ともに疲労困憊《こんぱい》へとまっしぐら。決して周囲のサポートが皆無だったわけではない。けれど、母である責任感が、容易に「困っているの、助けて」とは言わせなかったのだろう。そして一瞬でもわが子の存在を疎ましく思ってしまった自分を責め、自分という人間への信頼を失っていったのだろう。

永遠に暗闇のトンネルが続くような苦悩の日々。そんなある日、スーパーマーケットで声をかけてくれた双子の先輩ママと出逢う。「必ず楽になるよ。少しずつだけど必ず楽になるよ。だから今は大変だけど、頑張ってね！」。当事者だからこそ伝わってくる、その言葉の真実味とあたたかさに、涙はあふれ出し、打ちひしがれていた心に、もう少し頑張っていこうと思える希望の灯がともった。

この出逢いが彼女のピアサポート（仲間同士の支え合い）活動の原体験だと思う。「日だまり」と「ともしび」のタイトルは、暗闇の中にいた自分が救われた瞬間の実感から名付けられたのだと思う。ほっと安心できる温かな居場所が誰にでも必要で、暗闇と思い込んでいる、かつての自分と同じ境遇の人々にも、「あなた自身が誰かの心を照らす灯なんですよ」と彼女は伝えたいのだ。

このエッセーは、見事に人柄が表れて、等身大。迎合《げいごう》やおべっかがない。その時、自分が経験したこと、感じたことを素直に記している。出逢った人が実名で登場しているが、事実は強い。隠し立てがなく、視界がくっきりして、読んでいて気持ちが良い。すんなりと共感できる、彼女の学びの軌跡だ。

しかしまあ、17年間も新聞連載できるなんて、滅多にいないラッキーな人だなあ。彼女の周りにはたくさんの応援団がいて、いい風が吹いているなと思ってきたが、その謎が今回ひとつ解けた。

彼女は、お願い上手、頼み上手なのだ。揺れる気持ちを素直に吐露し、決意を伝え、にこっとして「お願い」と言われたら、「わかった」と応えてしまう。これこそ、子育てにとって必要な力だと思う。「いま、私、困っています。助けてください」とヘルプサインを出せる大切さを中村由美子さんは、すこやかに体現している。人を頼りにできるのは生きる力の表れ。そんな彼女の応援団の一人であることが、とても誇らしい。たくさんの人に読んでいただけるといいね、由美子さん。

発刊に寄せて

佐賀女子短期大学学長　田口香津子

CHAPTER1
日だまり（2003年1月～2009年3月）

CHAPTER2 まちの話題（2009年4月～2011年9月）

CHAPTER3 ともしび（2011年10月〜2020年3月）

CHAPTER 1

日だまり

（2003年１月～2009年３月）

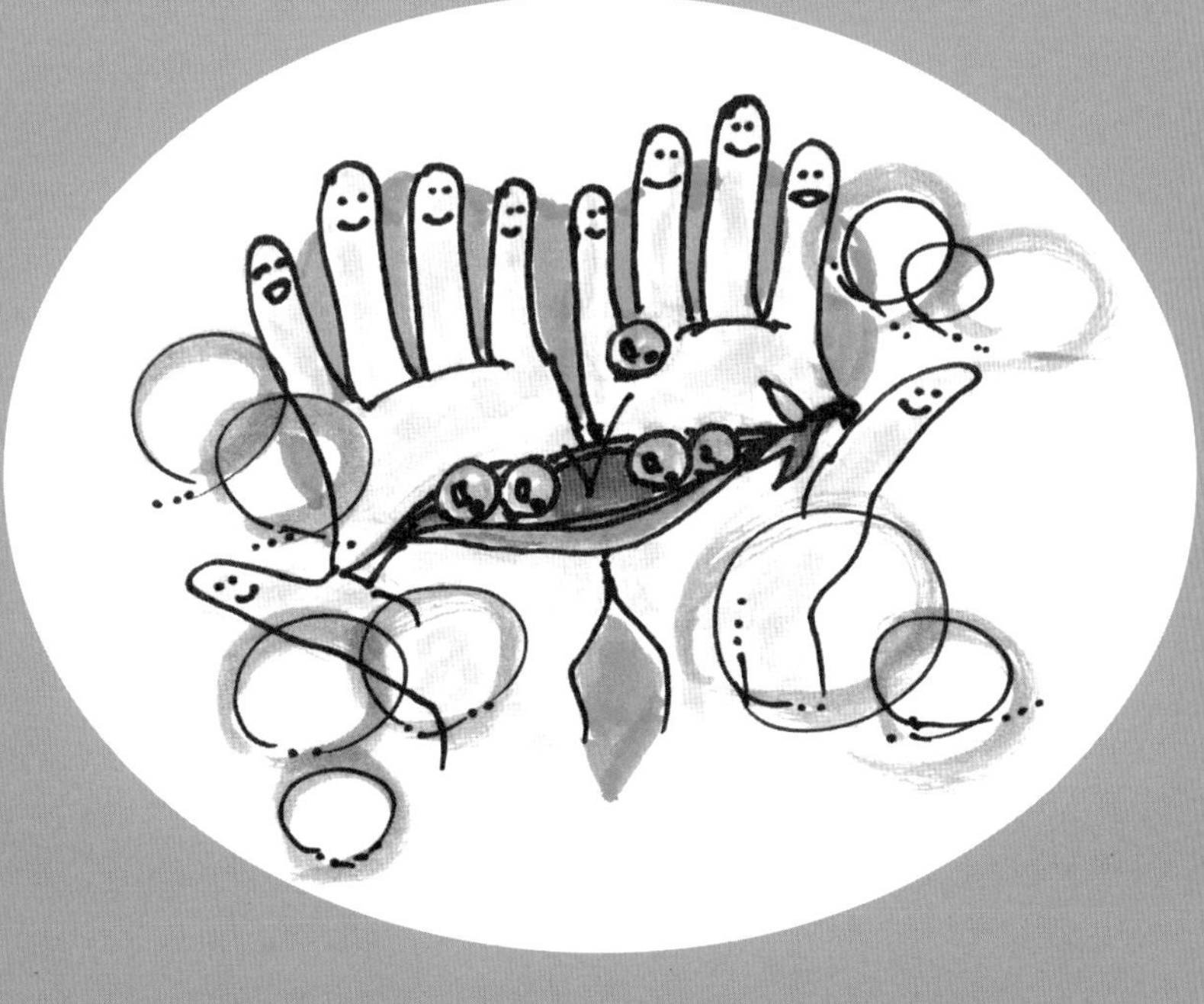

お小遣いの使い道

1月7日

私には、小4の双子（男・女）と小1の女の子どもがいます。このごろは、子どものお金の使い方について、いろいろ考えさせられます。

去年の夏、娘2人に「お友だちを呼んでクリスマス会をしよう」という計画が持ち上がりました。その準備資金を集めるために、お手伝いをするからお金をくれという相談がありました。お手伝いにお金をあげることに抵抗を感じたものの、真剣なまなざしに様子を見ることに…。お手伝いは、トイレ・風呂掃除、買い物、祖母の肩たたきなど10種類ほどあり、〝報酬〟は10円から100円まで。

3カ月ほど過ぎたころ、「クリスマス会で使うイージーカラオケを買いたい」と。2人は合わせて6千円ほどためていたのです。「お友だちと歌いたい」という目標を持って、大切にお金をためていた子どもたちに感動しました。ほかにケーキや、お菓子、飾りを作る折り紙などを買いました。

毎月、決まった500円のお小遣いとお手伝いによる報酬で財布と夢を膨らませていた2人にとり、クリスマス会はすてきなものになりました。

もう一度

3月4日

若楠小3年1組が紙芝居や、ひもで作った〝汽車〟などを準備して近くの幼稚園へ行きました。実はこの活動は「小さい子」に「自分たちで優しさを広げよう」ということで、私が所属する「読み語りゴジラの会」が手伝いました。

しかし、実際やってみると、声が小さかった、練習不足だった、〝汽車〟の速い運転で園児の1人が転んでしまった…などの反省が出ました。先生が「もう一度やろうか」と聞くと、自信をなくしたのか、「したくない」と言う子もいました。しかし、「反省を生かそう。今度はきっと1回目よりうまくいくよ」と先生や私たちに励まされ、もう一度やることになりました。

次は近くの公民館の子育てサークル（会員は就園前の幼児とその保護者）へ行くことに。みんなは大きな声で、一生懸命練習しました。小さい子がけがしないように、的当てのボールは新聞を丸めて作るなど、優しさを考えて準備しました。

そして本番。サークルの子どもたちはとても喜んでくれ、みんな笑顔で楽しい活動になりました。

みんなの夢

4月1日

3学期、私の子ども2人（双子）が学んでいる佐賀市若楠小で4年生の「二分の一成人式」（10歳を祝う式）がありました。

保護者も出席した体育館には暗幕が張られ、中央のキャンドルに「誓いの灯」をともして式が始まりました。児童たちはそれぞれ自分の「将来の夢」を墨で書いた条幅を見せ夢を発表しました。

それらの夢はプロ野球選手、幼稚園の先生、医者、花屋、宇宙飛行士、ゲームデザイナー…と、いろいろでした。みんなは自分の夢に向かって頑張ることを誓いました。

私はみんなの姿を見ながら、自分の子どもの今日までを振り返りました。発表の後、周りのお母さんたちと、「もう10年たったとね」「本当の成人式の時、この子たちはどがんしよろうか」「夢がかなうとよかね」などと話しました。お母さんたちは10年の月日がすぎ、子どもの成長した姿を見て、いろいろな思いに胸がいっぱいのようでした。

「二分の一成人式」は子どもたちにも、保護者にもいい思い出になりました。

楽しかった婦人会

5月13日

私は3月までの1年間、佐賀市若楠婦人会八丁畷地区の連絡員をしました。婦人会の活動は、地域の行事や環境、福祉、子育て支援、食生活改善、消費者学級など、地域と生活に密着したことばかりで、その幅広さに驚きました。

また昨年の若楠婦人会は20周年を迎え、記念会誌作成や、故水田初代会長が文部科学大臣表彰を受賞されるなど素晴らしい年でした。

私は婦人会に参加している方は年輩の方がほとんどで、若輩者の私がやれるかとても不安でした。でも皆さんは「手伝おうか」「よく頑張ったね」など話し掛けてくれ、とても親切、協力的で、今は年輩の方とも楽しく会話できるようになり、とても楽しい1年でした。

故水田会長の後、会長になられた土橋信子さんは「地域の多くの方と友だちになれた。また、いろいろな経験が自分の成長になった」と活動を振り返り「してあげているのでなく、させていただいていることに感謝し、これからも活動します」とやさしい笑顔で話してくれました。

私はこれからもできるだけ積極的に参加していきたいと思います。

冒険遊び場

6月17日

5月3日と4日、佐賀市開成の低床公園で「冒険遊び場」がありました。公園には、木材、段ボール、大工道具、スコップなどさまざまな物が持ち込まれました。2日間で約200人もの参加があり、会場では水場を作ろうと穴掘りをする子、段ボールで隠れ家を作る子など、それぞれがしたい遊びに夢中でした。

初めて木材と大工道具を使い、机と椅子を作り上げた小2の女の子は「将来は大工さんになりたい」と満足そうな笑顔で話してくれました。

ボランティア実行委員会の柴田和行さん（SCBN＝佐賀シティーボランティアネットワーク）は「子どもたちが本当に伸び伸びと遊べる場をと考えた。大人はできるだけ黙って見守り、子どもたちに、自分の責任で自由に遊ぶことを経験させたかった」と活動の動機を述べ、「初めての企画で手探りだったが、子どもたちがと

穴掘りに夢中になる子どもたち

ても喜んでくれうれしい。このような遊び場が常設出来たらいいですね」と話してくれました。

次は夏休みに1週間程度行いたいそうです。私も参加してとても楽しかったので、またお手伝いしたいと思います。

子育てサークル

7月22日

少子化対策でいろいろな子育て支援が行われるようになり、子育てサークルは佐賀市の各公民館で行われるようになりましたが、私が活動している「若楠にこにこ子育てサークル」のような「会員が班を作り当番で自主的に活躍するサークル」は少ないようです。

先日、サークル関係者から「サークルを手伝うための〇Bが17人も残ったのはなぜか」と聞かれました。数人に聞いてみると「子どもが小さいころからを知っている友だちだから相談しやすい」「転勤で佐賀に来て、サークルで友だちができてうれしかった」など、サークルでできた友だちを大切にしたいという意見でした。

私も〇Bですが、私自身、他県から嫁ぎ、友だちもなく、子どもができると不安や悩みが増えてつらくて、何でも話せる友だちが欲しかった。このような子育てサークル活動は、私たちにできる「子どものための活動」をみんなで考え、みんなで力を合わせて活動するので、友だちができ子育てに対する意識も前向きになります。
みなさんも自主的な子育てサークルをぜひやってみませんか！

政治を身近にしよう

8月26日

7月11日に佐賀市で『政治を身近にしよう会』が発足しました。私は準備会から参加していますが、誘われた時は「政治なんて難しそうでよく分からない」と思いました。しかし、会はとても親しみやすく、政治に全く自信のない私の意見も「それが当たり前」と優しく受けとめてくれ、気軽に何でも話せます。

会の中で、顧問の村井公道さんは「このままでは日本がダメになる。子どもたちのために私の最後の一仕事」と、国会議員をリコール（罷免）できる市民法制定の必要性を述べました。会長の藤雅仁さんは「政治は子どもたちのために皆で力を合わせていい社会を作ること」と語り「みんなが政治に関心を持つことが大切」と話されました。子育て真っ最中の私は、子どもたちのことをこんなに思ってくれる人たちがいることを大変うれしく思います。

発足して1カ月。会は全国各地からも入会者があり300人を超えました。9月7日（日）午後2時から『皆で考える百人集会』を同市のアバンセで開催します。気軽に参加しませんか。

嫌いな運動会

10月7日

長女（小学5年）は運動会が嫌いです。理由は走るのが遅いから。学年が上がるにつれ、走る距離が長くなり、自分は走るのが遅いと気づいた2、3年前から運動会が近くなると「学校に行きたくないなー」「なんで運動会があるのかなー」と言うようになりました。しかし、今年の運動会は少し違いました。

実は今年、彼女は初めて運動会の係の仕事をしたのです。彼女の仕事は「放送係」。プログラムの招集や紹介、競技中の声援などをする仕事です。ノートに台詞《せりふ》を書き込み、一生懸命練習をしました。運動会の成功のために「自分の係の仕事に責任を持つ」という経験。係の仕事ができたことが彼女を「運動会に参加したい」という気持ちにしてくれました。

子どもが「学校に行きたくない」などと言うと親はあれこれ心配しがちですが、場合によっては嫌な経験も必要かもしれません。子どもの力を信じて見守ることが大切と言いますがこういうことなのでは、と思いました。

毎年、子どもの成長に感激していますが、今年は特別、私にとって感慨深い運動会になりました。

「ストレス」って何？

11月18日

ストレス社会の中、子どもまでもがストレスで苦しんでいるといわれますが、「ストレス」って一体何でしょう。

私自身、初めての育児に悩み苦しんだ時期があります。いい母親にならなければと思えば思うほど自信をなくし、苦しかった。でも子どもの笑顔で、こんな私でも親だと気づき、子どもと一緒に成長し、少しずつ親になろうと思えた瞬間から、子育てを心から楽しいと思えるようになりました。こんなことが「子育てストレス」で、気持ちの持ち方でストレスにならないのかもしれません。

生きていく上でだれにでもあるストレス。まずは正しく知りたいと思い、30日（日）午後2時から佐賀市の県立美術館ホールで「皆がどんどんで元気になるストレスケア」と題した講演会を開催します。

講師はバランスセラピー大学学長、美野田啓二さん。著書によると、「ストレスとは何かを知り、ストレスと闘うのでなく、ストレスのある中でも生きていける自分作りをすることが大切」と気づかれたそうです。

私も先生の体験が身近に感じました。ストレス社会の中で上手に暮らすため、聞きに来ませんか。

もちつき大会

12月23日

佐賀市の八丁畷公民分館で12月7日、八丁畷自治区の毎年恒例の「もちつき大会」がありました。

分館には、八丁畷地区のお年寄りから子どもまで、いろんな世代が集まりました。初めてもちつきをした子どもたちは「力がいるなー」「難しいけれど楽しかった」と感想を話してくれました。

分館の中では、婦人会の人たちや子どもたちが、つきたてのもちを丸めました。また、ぜんざいやきな粉もち、大根おろしやごまじょうゆをつけたもちなどが振る舞われました。分館長の松尾斉昭さんは「世代間交流が少しでも深まり、子どもたちが地域の中で健やかに育ってほしい」と語ってくれました。

核家族化が進み、今の子どもたちは、お年寄りも大人も子どもも一緒に何かをするという経験はなかなかできません。また、いろんな物がお金で簡単に手に入ります。子どもに関する悲惨な事件が増え、地域での子育ての必要性が言われるようになった中で、このような行事は子どもたちにとって、とてもありがたいことだと思います。準備は大変でしょうが、これからも続いてほしいと思います。

薬物乱用防止を

2月3日

1月22日、佐賀市若楠小学校5年生が、「薬物乱用防止」の講話を聞きました。薬物の怖さをVTRで見た後、薬物使用を誘う友だち役の県警生活安全課少年係の警察官と、それを断る役の児童代表2人の実演がありました。

「一回だけ」「友だちやろ」「怖い先輩に言いつけるぞ」など、さまざまな言葉で誘われても勇気をもって「NO!」と言うこと、すぐに大人や警察に相談することを約束しました。

薬物乱用は佐賀でも年々増え、低年齢化しているそうです。薬物は依存性が強く、体を壊し、周りの人にも大変な迷惑をかけてしまいます。また、子どもたちに薬物が手に入る社会にも憤りを感じます。人の心の弱みに付け込み、私利私欲のために、平気で子どもたちまで食い物にする大人がいるということです。

大切な子どもたちが被害に遭わないようにするためには、やはり子どもたちを取り巻く地域社会全体でのかかわりが大切だと思います。

子どもたちが「助けて」を求められるようにみんなで見守り、みんなで子育てしていくことがより良い社会を作ることにつながると思います。

中学生に絵本読み語り

3月2日

佐賀市の城北中は、毎朝15分間の読書時間を設け、月2回は、私も参加している読み語りの仲間が、絵本を読んでいます。「絵本は小さい子どもの読み物で、中学生に絵本を?」と思いがちですが、読み始めると、子どもたちが物語の世界に引き込まれていくのを感じます。

山田義実校長は「私自身も絵本の中に引き込まれ、童心に帰って感動しています」と感想を述べ、「絵本は素晴らしい。情操面に大きな影響があると思う」と笑顔でした。また、ある先生からは「地域の人に絵本を読んでもらうようになって、絵本が好きな生徒が増えた」と聞きました。実際に子どもたち自身が読み語りをしてあげようと、小学校へ出かけたそうです。

「地域と学校の連携が必要」と言われますが、自分の子どもがいない学校には足が向かないものです。私にはまだ、中学生の子どもはいませんが、こういう機会があれば行きやすいし、それが役に立っていると聞き、とてもうれしいです。これからも、良い絵本を読んでいきたいと思います。

お別れ会

4月6日

私が代表を務める佐賀市の「若楠にこにこ子育てサークル」で3月15日、お別れ会がありました。退会する20人の子どもたちが、お母さんと一緒にステージに上がり、名前と4月から通う幼稚園名を、大きな声で紹介し、その成長ぶりを見せてくれました。

お母さんたちは子どもの成長を喜び合い、入会したころを振り返り「サークル活動で、親として成長できた」「子育ての不安な気持ちを和らげることができた」「同じくらいの年齢の子どもを持つ母親仲間ができて本当によかった」と話していました。

国の子育て支援対策に「子育てサークル」があります。孤立した子育てから抜け出す仲間作りの場として注目され始めました。各地で子育てサークルができていますが、具体的にどうしたらいいのか、という悩みをよく耳にします。

私たちのサークルは会員を5班に分け、計画から仕事の分担まで当番班を中心に全員で運営するので、とても仲良くなります。また仲間とのかかわりの中で少しずつ自信を持ち、子育てに対して前向きになっていきます。

人間関係が希薄になった今、親が仲間で助け合い、励まし合う活動を子育てサークルでやっていくことが大切だと思います。みんなで活動した1年は、最後はみんなの素敵な笑顔で終わり、毎年、感慨深いものです。

グリンピース

5月4日

佐賀市長寿・健康課が「双子・三つ子の母親の出産・子育てのリスクが多い」と、3年前に母親の仲間づくりを呼びかけました。そして今年4月22日、双子・三つ子の子育てサークル「グリンピース」が、佐賀市ほほえみ館で、自主サークルとしてスタートしました。妊婦を含む参加者は「双子を生み育てる苦労を、分かり合える仲間ができうれしい」と笑顔で話していました。

私の双子の子どもは12歳になりましたが、出産、子育ての大変さは、今でも覚えています。初めてのことで分からないことばかり。3時間置きの授乳、病気や夜泣き…2人の子育てに、疲れ果てていました。テレビのニュースで幼児虐待の事件が流れるたびに、「明日は私かもしれない」と思い、他人事ではありませんでした。ある日、偶然会った先輩ママに「今は大変だけど、時間がたてば子どもが成長し、必ず楽になるよ」と励まされた言葉を頼りに、双子の赤ちゃんを育てました。

今度は私が先輩ママです。私はこれからの双子ママに、そのような励ましの言葉を言ってあげたいと思います。そしてみんなで前向きな活動、子育てをしていきたいと思います。

国会議員さん、しっかり！

6月1日

このごろの政治のいろいろな話題の中で、特に気になる一つは「年金問題」です。「私たちの老後は、本当に年金はもらえるのだろうか」と不安になります。

ずいぶん前から、日本は少子高齢化が進むことが、問題になっていたはずです。それなのにいったい何をやっていたのでしょう。そして今の国会では、国会議員自ら未納者が続出し、具体的な議論はなされず、いいかげんうんざりします。

子どもたちが大人になった時、どんな社会になっているかは、私たち大人の責任です。私は子育てしながら、子育てサークルなど、子どもにかかわることをいろいろやっていますが、それだけに、真剣に子どもたちの将来を考えて政治家は政治をしているのだろうかと、がっかりしてしまいます。

このままでは、「国会議員さんみたいなずるい人になってはいけませんよ」と、子どもたちに言うしかありません。国会議員は、私たちの代表者なのです。選挙の時は、ほとんどの立候補者が「子育て支援」を公約にしていますが、まずは子どもたちに恥ずかしくないように、国会議員らしく、しっかり政治をしてください！

ヌチヌグスージ

6月29日

「ヌチヌグスージ」とは沖縄の言葉で「いのちのまつり」という意味だそうです。「ヌチヌグスージ」という絵本がいろんなところで話題になっています。この絵本のあらすじは、主人公のコウちゃんが沖縄のオバアとの会話で、自分の命はたくさんのご先祖様から受け継がれた命で、未来は自分の子孫に受け継がれる大切な命と気付き、「いのちをありがとう」と空に向かって手を振るというお話です。

絵本の作者で陶彩画家の草葉一壽さん（山内町）は、以前ある保育園で絵画指導をしたおり、「子どもたちに命の大切さをどう伝えたらいいかと考えた」と絵本を作った動機を述べています。「命は自分で終わるのでなく永遠の命。教育・政治など社会のすべてが、そのことを忘れないでほしい」と語りました。

佐世保市で小6女児が同級生を殺す事件がありました。なぜこんな事件が起きるのでしょう。世の中が便利で豊かになっていく中で、人として大切なものが失われている気がしてなりません。まずは私たち大人が自分の命に感謝し、どう生きていくかが、大切だと思います。この絵本をたくさんの人に読んでほしいと思います。

小学校でキャンプ

7月27日

佐賀市若楠小学校で、17、18日に「ふれあいキャンプ」がありました。参加した子どもたちは8つの活動班に分かれ「できるだけ大人の手を借りずに、自分たちでやろう」という目標でキャンプをしました。初めて手作りかまどに薪を燃やして、飯ごう炊はんを経験した子どももいました。みんな自分たちで作ったカレーライスをおいしそうに味わっていました。夜はキャンプファイアーや肝試しがあり、いつもと違う夜の学校を楽しんでいました。

木塚松信校長は「子どもたちにはいろんな体験が必要だ。体験が心にいい思い出として残ると思う」と述べ、「キャンプがPTAの方のおかげでできたことを子どもたちに伝えた。自分たちのために力をくれる人がいることに感謝できる子になってほしい」と笑顔でした。

どの学校でもPTAの行事に参加する親が少ないと聞きます。私は今回参加して、大変暑いし疲れましたが、子どもたちが喜ぶ姿を見てとてもうれしかったです。自分の一生の中で何回こういう経験ができるか…。たぶんほんの数回でしょう。そう思うので、PTA行事にできるだけ参加し、私自身、いい体験と思い出をつくりたいと思います。

お盆

8月24日

今年もお盆に故郷へ帰りました。私の故郷は福岡県朝倉市という原鶴温泉がある田舎の町で、故郷に帰ればよく温泉に行き、のんびりと過ごします。久しぶりに帰った実家には、妹、弟の家族もそろい、子どもたちの笑い声でとてもにぎやかでした。みんなで母の作ってくれたごちそうを囲み、ビールを飲みながら、それぞれの家族の出来事や、子どものころの思い出話に花が咲きました。

「お盆」は、お釈迦《しゃか》様のお弟子の目連尊者《もくれんそんじゃ》が教えに従い、夏安居《げあんご》に集う僧に供養することによって、餓鬼道に落ちていた母が救われたという「仏説盂《う》蘭《ら》盆経」に由来する行事だそうです。「盆踊り」は母が救われたことを知って喜びのあまり踊ったのが、その始まりだといわれているそうです。

私は子どものころ、亡くなった祖父から「お盆には家にご先祖様が帰って来られるから、ご縁がある人が集まって仏様に手を合わせる」ことを聞いたのを覚えています。今、このことを自分の子どもたちに伝えています。故郷を思い、ご先祖様に手を合わせる「お盆」という日本の素晴らしい伝統行事を、代々、子どもたちに伝えてほしいと心から願います。

男女共同参画

9月21日

先日、男女共同参画について話を聞きました。歴史的に言えば、女性の参政権や男女雇用機会均等法、DV防止法制定など、女性の社会参加のさまざまな取り組みがなされ、とても大切なことですが、今の男女共同参画論議で対象になる女性は、仕事をする女性のような気がしました。

私は専業主婦です。仕事をしようと思えばできたのかもしれないですが、子どもたちの社会的なさまざまな問題を考え、子どもをしっかり育てようと思い専業主婦になりました。双子の子育てではいろいろ悩みましたが、今は専業主婦でよかったと心から思っています。女性の生き方を言えば、私のように、あえて専業主婦という生き方を選んだ女性もたくさんいます。

少子化が社会的問題になっていますが、子どもを産めるのは女性です。子どもを産み、育てる生き方も素晴らしいということを、子どもたちにもっと伝えないと、子どもたちが大人になった時に、子どもを産み、育てたいと思うでしょうか。私は少子化や子どもの社会的問題などを改善するためにも、これからの男女共同参画に「子育てを選んだ女性の生き方」も素晴らしいものとして、どんどん取り上げてほしいと思います。

迷う子育て

10月26日

もうすぐ1歳になる子どもの母親から相談がありました。内容は、「父親の子育て参加が大切だといわれるが、父親は仕事から帰って来るのがいつも遅い。帰ってから子どもを起こして遊んでくれるが、朝、子どもが起きる時間が遅くなってしまう。このまま父親とのコミュニケーションを大切にした方がいいだろうか」ということでした。

人には体内時計があるという話を聞いたことがあります。早寝・早起きの子どもは精神的にも落ち着いている子が多いこともよく聞きます。基本的な生活習慣が身につくためには、小さいころからの親のかかわりが大切です。父親とのコミュニケーションは休みの日にたくさんとってもらい、まずは、子どもの体内時計をきちんと作ることを優先するように話しました。

今、子育ての情報があふれています。たくさんの情報をどう選んでいいかわからない「新米の母親」がいます。初めてでわからないのは当たり前ですが、核家族化が進み、子育ての先輩から教えてもらえる場が少なくなっています。子育てサークルなどに参加して、先輩の体験などを聞く機会を積極的に作ることが大切だと思います。

ゆとりの教育?

11月23日

学校が週5日制になり、4年目になりました。「ゆとりの教育を!」で始まったのですが、みなさんは、ゆとりを感じますか?

私は小学校のPTAで「担任の先生と協力して、クラスや学年の親睦《しんぼく》をはかる」役員を毎年しています。以前は土曜日に活動できたので、親の参加も多かったのですが、今は「週5日制になって授業時数が少ない」「土・日は、学校も先生も休みだから委員会活動は好ましくない」など、学校の事情がかなり変わり、平日に活動しなければならなくなりました。

そのため、ほとんどの親は仕事で、参加者がとても少なくなりました。授業時間をいただくのも申し訳ないことで、これではクラスや学年の親睦をはかることはできません。また、今年は台風で休校が2回あり、その分を補うために、授業時数を増やす変更を余儀なくされたようです。あらためて、本当に少ないのだと思いました。

授業は、私たちが子どものころにはなかった「総合学習」が週5日制になる前から増えています。本当にゆとりがあるの?と思います。土曜日も仕事の親が多い中、子どもだけ家にいる家庭も多いです。学校を元の体制に戻せないものかと思います。

新幹線って…必要?

12月21日

長崎新幹線の話が話題になっていますが、莫大《ばくだい》なお金を使ってまでも、造る必要があるのかと疑問に思います。

今、国の財政は、莫大な借金を抱え、財政難と言っています。幼稚園の補助金や、私立高校などの補助金がなくなり、所得税の配偶者特別控除もなくなると聞きました。少子化問題で、エンゼルプランを推進しているはずの国の政策とはとても信じられません。これからを生きる子どもたちのための予算が削られようとしています。

そんな時に新幹線ですか?また今までと同じように「公共事業」にたくさんの税金を使うのですか?もしも、また失敗したら、誰が責任を取るのでしょう。公共事業は極力減らして、もっと、大切なことに税金を使ってほしいと思います。これ以上、財政に借金が増えたら大変なことになるでしょう。

家庭でいえば、家計が苦しい時は、今あるものを大切にし、無駄遣いはやめます。私は、新幹線を造るのはやめて、今ある長崎本線や空港を、もっと有効に活用し、今は財政の立て直しが先決だと思います。子どもたちが大人になった時の社会を見据えた政策をお願いします。

読み語り勉強会

2月1日

1月13日、若楠小の絵本の読み語りグループゴジラの会で「読み語り勉強会」がありました。講師は副田ひろみさん。フリーアナウンサーで、佐賀新聞文化セミナーで「朗読・声の贈り物」の講師もされています。勉強会では、新美南吉作「去年の木」を実際に読み、読み語りのポイントを指導されました。

副田さんは「読み語りは、擬似体験（想像・イメージ）ができる」と読み語りの素晴らしさを語り、「子どもへの愛情表現や子どもとの会話を、本を通してたくさんの大人にしてほしい」。また、今の子どもたちの社会的問題に触れ、「人の幸・不幸は心で感じる」と心を育てる大切さを述べ、「子どもたちが困難にぶつかっても、物語での擬似体験を通して、力強く、自分を大切に生きてほしい」とボランティアで読み語り指導を始めたきっかけを話されました。

私は子どもにかかわる活動をする中で「子どもたちの感性を育てることが大切」と感じます。先生の話に大変共感しました。周りの大人ができることから何かを始めなければいけないとよく思います。読み語りは一人ひとりが身近にできること。ぜひ子どもたちに読み語りをしてほしいと思います。

自主サークルへ

3月1日

中原町の中央公民館で開催されている「子育て広場」で2月16日、「にこにこセミナー」がありました。「子育て広場」は中原町社会福祉協議会主催で、毎月1回、第3水曜日の10時から開催されています。地域のボランティアの方々がお世話をしてあり、温かい雰囲気がとても居心地よく、親子の和やかな様子が印象的でした。

私は自主活動の子育てサークルを三つやっているので、その体験から「子育ての輪を広げよう！育児サークルのすすめ」と題し話しました。

「子育て広場」の担当者は「広場の回数を増やしてほしいとの声があるが、ボランティアでの対応ができずにいた」と語り、「自主活動を知り、参加したお母さんたちがもっと仲良くなるためにも自主活動をしてみては…と思った」と、セミナー企画の趣旨を話されました。

子どもたちのために、みんなで力を合わせて作り上げる自主サークル。私自身、サークル活動で友だちができ、子育てに前向きになれました。自分から行動することが大切だと思います。自主活動の子育てサークルが増え、子育てが楽しい仲間がたくさん増えれば…と思います。

菜の花の卒業式

3月29日

18日、若楠小学校の卒業式がありました。

今年の卒業式は、PTAのクラス委員で「菜の花のステージづくり」を企画しました。菜の花は、学校近くの市丸さんが、快く栽培してくださいました。花器は、卒業生に「大工さんの授業」をされた納富さんが竹で作ってくださいました。そして式の前日にステージづくりをすることを、母親たちに呼びかけました。

前日はひどい雨でしたが、クラス委員の仲間は笑顔で菜の花摘みをしてくれ、この活動に参加した30人の母親たちが菜の花を竹の花器に生け、たくさんの人の力と気持ちが集まった、とてもきれいな「菜の花のステージ」ができました。私は卒業式で卒業生に活動の話をし、「たくさんの人がみんなを愛し応援している」こと、「困難にくじけそうなとき『菜の花のステージ』を思い出し、頑張る力や乗り越え

菜の花が広がり、黄色に彩られた卒業式のステージ

る勇気になってほしい」と伝えました。

感動が心を育てるといいます。また、愛してもらっていることが自信になるといいます。子どもたちのために、大人が力を合わせ、プレゼントできたことが何よりも意義のあることでした。「菜の花のステージ」は、きっと子どもたちの心に残ってくれると思います。

子育て仲間の交流会

4月26日

3月30日、鳥栖市でファミリー・サポート・センター主催の子育て仲間の「第3回交流会」がありました。今回は、自主で子育てサークルをしている母親たちを中心に呼びかけ、50人の参加がありました。

私が子育てサークル活動の体験談、読み語りボランティアを活動中のフリーアナウンサー・副田ひろみさんが、子育てについて話した後、参加者の活動紹介がありました。交流会は和やかな雰囲気で、あっという間に過ぎてしまいました。

担当者は「鳥栖の子育てサークルが交流することで、サークル同士の悩みや情報交換ができ、さらによりよい活動ができれば」と交流会の趣旨を話されました。

私は5年前、鳥栖の子育て支援センターから自主サークルの作り方を聞かれました。それからこつこつと母親たちや地域に呼びかけ、母親たちで立ち上げた自主サークルができたことは、とても素晴らしいことだと思います。

支援する方々はサポートに徹し、母親たちが自ら行動を起こせるように見守り育んでこられました。「頑張れ」の気持ちが聞こえるような、温かい支援に感動しました。

子どもへの暴力防止

5月24日

若楠小学校で13日、4年生の保護者と地域の方を対象に、さがCAPによる「おとなワークショップ」がありました。

「CAP」とは、子どもがいじめ、誘拐、性暴力、虐待などあらゆる暴力から自分の心と体を守り人権意識を高めていくプログラムで、従来の「〜してはいけない」という規制・禁止の防止策とは違い、危険な目に遭いそうになった時「何ができるか」の知識を与え、子ども自身が自分を守る力を発揮できるようサポートすることを目的としているそうです。

「おとなワークショップ」では、子どもが学ぶ「子どもワークショップ」を交えながら、人権について、CAPの暴力防止法、子どもの話の聞き方、虐待などについての話がありました。

虐待や誘拐など悲しいニュースが毎日のように報道されています。身近な地域でも連れ去り未遂や変質者などが後を絶たず、社会環境の悪化は、子どもを持つ親としては他人事ではありません。

ＣＡＰのワークショップは、子どもが暴力に対し具体的な対処方法を身に付けることができるので、とてもうれしく、すばらしいと思いました。みなさんもぜひ聞いてみてください。

小学校校区を崩さないで

6月21日

佐賀市が小学校を隣接校区からも選べるようにしようとしていますが、もし将来、自由に選択できるようになれば、私はとても不安です。

ここ数年、子どもにかかわる事件などが社会的問題になる中、「地域ぐるみの子育て」が見直されるようになりました。

佐賀市も地域市民を活用したボランティア育成など、地域力の向上が図られてきたはずです。学校現場もさまざまな問題を抱え、地域の協力を必要としています。今、校区の方々が、ボランティアで地域子ども教室や校区の見回りをするなど、校区の子どもたちに温かいまなざしを向けてくれています。

また、校区の公民館では、子育てサークルなどの支援も広がり、小さい子どもを持つ親たちはサークルで子育て仲間をつくるなど、校区という最も身近な地域に子育ての心のよりどころを求めています。それなのに小学校が選択制になれば、身近な地域の基盤が崩れるのではないかと思うのです。

近くの小学校に行けないなど校区の見直しが必要な地域もあるでしょうが、校区は残してほしいと思います。核家族化が進み、地域とのかかわりが薄れていることに、ますます拍車がかかるのではと、とても心配します。

いのちの講演会

7月19日

9日、佐賀市民会館で、佐賀いのちを大切にする会主催の「第11回いのちの講演会」がありました。講師は「佐賀のがばいばあちゃん」で話題の島田洋七さん。笑いあり、涙ありの話のなかに、『生きる』ということの豊かさを感じる素晴らしい講演でした。

「佐賀いのちを大切にする会」は、平成元年に、胎児のいのち・すべてのいのちが尊ばれる社会づくりをめざして「生命尊重をすすめる佐賀女性の会」として発足後、平成7年に今の名前で新たにスタートしました。

17年にわたる会の発足・運営に携わり、今年、会の代表になった林田紀子さんは「恐れ多い思いでいっぱいですが、原点にかえり、小さないのちを守る凜《りん》とした思いで、みなさまにお力をいただきながら、新たな歩みをすすめていきたい」と話されました。

また15歳の子どもの殺人事件がありました。社会の水面下では、10代の子どもの妊娠・中絶の数は私たちが想像もつかないような状況だと聞きます。

たった一つのかけがえのない「いのち」を愛し育む気持ちを、私たち一人一人が日ごろの生活の中で、子どもたちにしっかりと伝えていくことを、あらためて考えさせられた一日でした。

力を合わせて

8月16日

私が代表を務める「若楠にこにこ子育てサークル」は、会員を五つの班に分け当番制で運営しています。班は班長を中心にみんなで活動し運営する、全員参加型のサークルです。

そのサークルで、8月1日、「夏祭り」がありました。当番班は、1カ月前から内容を話し合い、準備をしました。

分からないことがあれば、私たちスタッフや先輩ママもアドバイスし手伝います。全部で8店の看板やお面、チケット作りなど、みんなで仕事を分担し、準備をしました。

そして当日。サークルを卒業した幼稚園児や小学生がお店屋さんになり、「しっちょこはっちょこ会」の方も応援に来られ、とてもにぎやかで楽しい夏祭りになりました。

当番の班長さんは「準備は大変だったけど、そのおかげで班がとても仲良くなりうれしいです。とても楽しかった」と、笑顔で話してくれました。

初めての当番が夏祭りという大役を、みんなが心を一つに力を合わせやり遂げる姿に、私は毎年感動します。

「子どもたちのために」という気持ちで本気でやるから、本当に親同士が友だちになれる。そして最後まで頑張ったという満足感は言葉にできません。今年もとても素晴らしい夏祭りでした。

子育て支援への不安

9月13日

ある子育て支援に関する研修会で、保育園関係者の方と話をする機会がありました。

子育て支援対策に延長保育や一時預かりなど、さまざまなサービスが課せられ、2交代制で対応していますが、このごろは、本来は親がするべき子育てまで現場に求められます。同じ保育士が、1日ですら通して子どもを見ることができない状況なのに、とても親の代わりはできないと言われました。

また、ある方は親が朝、おむつも代えず食事も与えず子どもを連れてくる。仕事だから現場がするのが当たり前という態度の親が、増えてきたことを感じるそうです。

私も今の子育て支援は、親のための子育てサービスばかりが過剰になり、親にとってそれが当たり前になった時、子どもたちのために本当にいいのだろうかと心配します。

本当に支援を必要としている人もたくさんいて、支援をありがたいと思っている人もいます。支援をありがたいと思っているか、当たり前と思っているかどうかは「子育ては親がする」という基本を親がきちんと持っているかどうかのようです。

親は、子どもがいて初めて親として育ちます。もっと親子が一緒にいて、共に育ち合う支援を考えてほしいと思います。

気持ちを伝える

10月18日

私が代表を務める「若楠にこにこ子育てサークル」は、会員を5班に分けて当番でサークルを運営する自主サークルです。サークルのスタートは、絵本の読み聞かせをします。

先日も絵本の係になったお母さんが、絵本を読み始めた時、そのお母さんの3歳の子どもが「抱っこして」と泣き始めました。班の人がその子にかかわりましたが、お母さんから離れません。それでも頑張って係のお母さんは、絵本を読んでくれました。

無事読み終えた後、私はみんなに「こういう時には後で必ず子どもに『我慢してくれてありがとう』と言ってあげてね」と言い、その親子に「ありがとう」を伝えました。

私がサークルを始めたころ、私も子どもによく泣かれました。私はサークルが大好きです。でも、なんのためにサークルをやっているのかと悩みました。

そんな時期に、子どもに伝えた言葉が「我慢してくれてありがとう」でした。「あなたのおかげでお母さんは今日も頑張れたよ」と、心を込めて語りかけた時から子どもが泣かなくなりました。子どもはちゃんと理解できます。そして我慢ができるようになります。親が子どもと向き合って気持ちを伝えることの大切さを思い返した出来事でした。

子育て支援指導者研修会

11月15日

佐賀市で10月27日、子育て支援指導者研修会がありました。毎年、佐賀市の子育て支援センターが、各公民館の子育てサークルを対象に行っている研修会です。

研修会では、サークル活動の視点やポイントなどのミニ講義の後、活動に使える体操やゲーム、工作などを実践し、その後、託児に預けていた子どもと一緒に親子遊びなどを行いました。参加者は「とても楽しく勉強になった。また参加したい」「早速サークルに持ち帰ってやってみます」と話してくれました。

私もこの研修にはよく参加しますが、年々研修の視点や内容が「サークルの自立に向けたもの」になっていくのを感じ、うれしく思います。今年の研修はさらに充実した内容で、子育て支援に携わる市立保育所の先生方の温かい思いが伝わり、とてもうれしかったです。

支援は本来、「してあげること」ではなく、「自立できるように支え援助すること」だと思います。子育て支援も、自立の子育てができるような支援であってほしい。子育てサークルで、励まし助けあえる仲間、お互いが学び合える前向きな子育て仲間をつくってほしい。そしてすべての子どもたちが健やかに育ってほしいと心から願います。

校則を守ること

12月13日

数日前、中1の長女が「1年生の交流試合に出られなくなった」と大泣きして部活から帰ってきました。話を聞くと、部活の仲間が、みんなで食べようと学校にお菓子を持ってきたそうです。ほかにも、学校で禁止されている手紙の交換をしている仲間もいたらしく、先生から交流試合不参加を申し渡されたのでした。

運動能力に乏しい長女ですが、スポーツ系の部を選び頑張って練習していました。今回の試合は少しだけでも出られるかも…と、楽しみにしていただけに、ショックだったようです。

校則は、全生徒が学校生活を楽しく過ごすためにつくられた決まりごと。社会には社会の規則があり、守らなければ犯罪になる。社会の規則の中で楽しい生活がおくれるようになるためにも、学校の規則を守り、楽しく学校生活をおくれるようになってほしいと、子どもたちと話しました。

悪い出来事に思える今回のことですが、子どもたちにはとてもいい経験になったと思います。長女が当事者からの「ごめんね」の電話に、責めることなく許していた姿に親ながら感動しました。これからも部活を通して、仲間と一緒に有意義な経験をたくさんしてほしいと思います。

新春女性名刺交換会

1月17日

1月9日、県農協会館で「新春女性名刺交換会」がありました。今年もたくさんの女性が集まり、お互いの名刺を交換しながら、挨拶《あいさつ》やいろいろな活動の話でとても賑《にぎ》わいました。

この会の主催「女性も名刺を持とう会」の発起人で名誉会長の鶴田尚さんは、「女性も名刺を持って使うことによって、自分の社会的存在があきらかになり、責任感も高まります」と語り「女性がここに来て、絆《きずな》を深め合い、パワーを高め、今後の女性の活動を引き上げ、推し進める力を持ってくれればと思います」と、この会を始めた動機を話されました。

私は今年で2回目の参加でした。私は専業主婦で子育てサークルなどいろいろな活動をしていますが、昨年初めて参加するまでは、名刺を持つ必要性はあまり考えていませんでした。

しかし、男女共同参画については「仕事をする女性にばかり偏らずに、家庭を守り、子育てを選んだ女性の生き方をもっと社会が認めてほしい」と機会があれば発言しています。

私のような主婦も参加されていましたが、まだまだ少ないので、専業主婦の方も名刺を持って出会いの場として参加してみませんか。

スタッフ・班長決め

2月14日

この時期、あらゆる会やサークルなどは、新役員決めなど、来年度の運営準備に追われていると思います。

私が代表を務める「若楠にこにこ子育てサークル」「若楠にこにこ赤ちゃんサークル」「双子・三つ子サークル『グリンピース』」の三つの子育てサークルも同じです。

私を含め、みんながいろいろな事情の中で、来年度のスタッフ・班長を引き受けてくれました。

私は、スタッフ・班長決めの際に、必ずみんなに話すことがあります。それは「大切なのは、役にならなかった人が、役になった人にどういう気持ちを持って、協力していくかだ」ということです。

私も7年前に初めて代表を引き受けたときは、とても不安でした。でも、みんなの励ましの言葉や協力で不安が消えていったのです。

「みんながいてくれる」。こう感じられたことが、とてもうれしかった。これが『みんなでやる』ことだと思います。

初めて何かをするときは誰でも不安です。来年度のスタッフ・班長になった人たちが「やってよかった」と思ってくれるように、私も代表として応援したい。きっとサークルのみんなも協力してくれると思います。

相談員交流セミナー

3月14日

県教育委員会が主催する「家庭教育相談員交流セミナー」が、2月16日、佐賀市のはがくれ荘で行われました。

「家庭教育相談員」とは、家庭教育・子育て相談や育児サークル等の支援に対応できる人材を育成する講座を修了した人です。

そして「交流セミナー」は、相談員が集い、現場の悩みや問題点を出し合い、子育て支援について語り合うことで、活動のフォローアップになるよう行われています。

今年の交流セミナーは、相談員のステップアップ「支援者リーダー養成講座」修了者がコーディネーターをすることになり、私は第2分科会の「子育てグループから地域子育てネットワークへ」のコーディネーターを務めました。

研修で学んだ「全員参加型の場作り」の実践をしましたが、参加者の現場の声と、アドバイザーの実践からの意見が聞け、それぞれの活動の勉強になりました。参加者からも「地域でもこのような交流会がしたい」と感想をいただきました。交流セミナーで、さまざまな活動がつながり合って子育て支援ネットワークになり、各地域でよりよい支援ができればと思います。

病時保育支援

4月11日

私が代表を務める「若楠にこにこ子育てサークル」の準備会の時、「子どもに熱がある時は、当番でも休んでいいとみんなに言ったほうがいい。ある人が熱がある子どもを祖母に預けて来た。子どもが病気の時は一緒にいてほしい」と言う意見がありました。私もその意見に賛成です。

私もその出来事は覚えていました。その時、その人が休んでも、なんとかしたと思います。でもその日、彼女の代わりはいなかったのも事実でした。彼女は任せられた仕事をこなし、すぐに子どものところに帰りました。私は彼女にとても感謝しました。彼女自身もきっと、預かってくれた祖母に心から感謝したと思います。

いま子どもの病時保育の施設ができはじめ、共働きの親にはありがたい支援でしょう。しかし、私はできれば子どもの病気の時は、子どもと一緒にいてほしいと思います。

私も覚えがあるのですが、子どもが病気で苦しい時、自分の無力さを神に祈る気持ちになるような体験、元気になった時のうれしさは、親子の絆《きずな》をどれほど強くしたでしょう。だからこそ、病時保育の支援を安易に受けないでほしい。子どもが病気の時は、一緒にいれる社会になってほしいと思います。

会報で交流を！

5月9日

私が代表を務める双子・三つ子サークル「グリンピース」は、6月から年4回会報を発行し、自宅にいる双子・三つ子の親とも交流を図れるようにしようと、準備を進めています。

5年前に佐賀市長寿・健康課から、双子・三つ子の出産、育児はリスクが高いことから、親の交流の場をつくりたいと相談がありました。私自身、双子の母親なので、力になれるならと、お手伝いしてきました。2年前に自主サークルとして運営するようになり、双子・

三つ子の親子、先輩ママ、妊婦の参加もあり、楽しく活動しています。

双子の出産、育児は本当に大変です。私も子どもが赤ちゃんの時期は、外出もほとんどできず、心身ともに疲れ果て、育児ノイローゼのような状態になった時期がありました。参加する会員さんも多かれ少なかれ、私と同じ思いになったそうで、「グリンピースで双子・三つ子の親の仲間ができてよかった」とみんなで話しています。

これからさらに、会報会員をつくることで、自宅にいても会報を通じて交流でき、少しでも子育ての励みになれたらと思います。会報会員の問い合わせは佐賀市長寿・健康課、電話0952(40)7282へ。

乳幼児ふれあい授業

6月6日

佐賀清和高校の「乳幼児ふれあい授業」が、5月24日から今月19日の間で行われています。この授業は3年前から行われているそうで、高校生は5人ほどのグループに分かれ、子どもや赤ちゃんを抱いたり、お母さんにいろいろ質問したりしました。

今回、私はあるクラスで「子育て体験談」をし、「子育ては大変だけど、それ以上に喜びがあり、かけがえのない素晴らしいことだ」ということを話しました。生徒たちは最後まで真剣に聞いていました。生徒の感想で「自分の親に感謝の気持ちがわいた」「子どもにたくさん愛情をそそぎたい」などの意見が多くあり、とても嬉《うれ》しく思いました。

担当の平井多栄子先生は「今の高校生は乳幼児と接する機会がほとんどない。未来の親として子育てを考えるよいきっかけになればいいと思います」と話されました。

少子化が社会の大きな問題になっていますが、これから親になる若い人が、子育てを前向きに考えるようになることが大切だと思います。この取り組みは大変意義があると感じました。若い人たちにいろいろな機会で子育ての素晴らしさを伝え、親になることに希望を持ってほしいと願います。

身近な社会の中で

7月4日

毎日のように、子どもを取り巻くさまざまな事件が報道されています。学校や地域でも、子どもたちのための取り組みがなされていますが、秋田の豪憲くん事件は、近所の友だちの母親が容疑者だったことに、とてもショックでした。

子どもたちはどうしたらいいのか。誰を信じたらいいのか。私は「子どもたちが誰も信じられなくなることが一番怖い」と思いました。

私たちは、このようなことが起きると「誰も信じちゃいけない」と言ってしまいがちです。しかし、誰も信じられずに生きていくことがどんな人生なのか…想像してみてください。私なら生きていけないと思います。

私は子育てサークルや、子どもに関するいろいろな活動をしていますが、子どものためになんとかしなければ…という気持ちの、多くの方々と出会い、感謝と頑張る勇気・希望を頂きます。

親の中には、地域や学校のことにまでも無関心な人もいますが、子どもたちのためにできることを考えたとき、私は「身近な社会とのコミュニケーション」だと思います。身近な社会にかかわり、たくさんの方々が愛し見守っていることを子どもたちに伝えてほしいと思います。

自分の居場所

8月1日

ある講演会で「事件を起こす子どもの共通した背景に、なんでも話せる人がいないことがあげられる」ということを聞き、納得したことがありました。これは、子どもだけではなく、大人も同じだと思います。なぜなら私自身、そう思える体験があるからです。

私は子育てサークルをしていますが、子育てサークルに出合うまでの私は、初めての子どもが双子で、子育てがとても大変でした。親として自信がなく、不安な気持ちを話せる友だちがいませんでした。子育てにとても悩み、育児ノイローゼのような時期がありました。

一つ間違えば悲しい事件を起こしたかもしれなかった…。そんな私が、サークルでなんでも話せる仲間ができて、子育てや、ほかのいろいろなことにも前向きになれたのです。

いま私は、対象が「赤ちゃん」「就園前の子ども」「双子・三つ子」の親子の、三つの子育てサークルをしています。サークルの中で、つらい気持ちなども話せるような信頼関係ができ、それぞれ自分の居場所になれば…と活動しています。

誰にでもお互いが必要と感じる居場所があれば、子どもを取り巻く悲しい事件もなくなるのかもしれません。

小さな子のために

8月29日

夏休み、私が代表を務める「若楠にこにこ子育てサークル」に、サークルを卒業した幼稚園児や小学生がやってきます。

先日サークルで、卒業生に「小さい子のために何か楽しいことをしてあげようか」と提案しました。その日参加した10人の卒業生は、手遊び二つと紙芝居を30分程度で練習し、小さい子のために披露してくれました。

みんな少し緊張しながらも上手にできました。卒業生の中には、4月に幼稚園に入園したばかりの子も数人いたのですが、ほんの数カ月でこんなに成長したのかと、胸が熱くなりました。

また、小学生のお兄ちゃんが紙芝居を一生懸命読む姿は、とても頼もしかった。自分の卒業したサークルで、今度は自分が小さい子のために何かをしてあげるという気持ちが、緊張しながらも最後までやる勇気になったのだと思います。みんなは、会員の親子が喜んでくれたので、とてもうれしそうでした。

子どもたちには小さいころから、人のために何かをして喜んでもらう経験をたくさんしてほしいと思います。それが自信や人を思いやる気持ちなどの「心の育ち」になると思います。今後もこういう機会を心がけ、大切にしたいと思います。

かわいい子には…

9月26日

ある幼稚園関係者から「親が子どものことに過剰反応になりすぎて、子どもの育ちが心配」という話を聞いたことがあります。

その事例の一つに、子ども同士のトラブルですぐに「いじめ」と受け取り、中には子どもがかわいそうと、すぐに転園させる親もいるとのことでした。小さいころの友だち関係のトラブルは対人力の育ちに欠かせないこと。せっかくの機会がなくなり残念なことだと思いました。

「かわいい子には旅をさせろ」と言いますが、人間は、いろいろな困難と思える体験を乗り越えて、精神的に強くやさしくなっていくのではないでしょうか。それは、子どものころからの体験の積み重ねで少しずつ育っていくもの。かわいそうだからと、それを遠ざけてあげることが、果たしていいことなのかと考えます。

また人間は、人と人との出会いで変わったり、成長したりします。対人力は人生に大きく影響すると思います。

場合によるとは思いますが、子どもの幼児期の体験は「子どもの学び」とおおらかに構え、子ども自身の成長する力を信じ、心に寄り添い見守り、正しい方向に導くことが大切だと思います。

通学合宿

10月31日

通学合宿を知っていますか。通学合宿とは、異年齢の児童たちが親元を離れ、日常生活圏域にある公民館などで、一定の期間寝食を共にし、さまざまな体験をしながら学校に通う活動です。

若楠校区では、若楠公民館で10月11日から14日の3泊4日で行われました。延べ65人の地域の方々が「口は出しても手は出すな」の合言葉で合宿にかかわりました。参加した29人の子どもたちは、自分たちで買い物、朝・夕の食事を作るなど、団体生活をしながら学校に通いました。

実行委員長の松尾齊昭さんは「子どもたちに共同生活の中でのいろいろな経験を通して、自主性・協調性を身につけ、生きる力をつけるきっかけになってほしい」と話されました。

私は毎年、子どもを参加させています。厳しい人や優しい人など、さまざまな地域の方々がいて、自分たちのために集まり、かかわってくれたおかげで楽しく有意義な経験ができたことを感謝してほしいと思います。

どの子どもたちの感想にも地域の方々へ「ありがとう」の言葉があり、うれしく思いました。たくさんの方々が厳しく優しく自分たちを愛し、見守ってくれているということを感じられたら、一番の生きる力になるのかもしれません。

自殺しないで！

11月28日

毎日のように、子どもたちのいじめと自殺の報道を聞き、胸が痛くなります。昔、自殺を考えるほど悩んでいた人が「たった一人でいいから、気持ちを分かってくれる人がいたら人は立ち直れる」と話してくれました。私もそう思います。

私自身、双子の子育てに疲れ果て、自信喪失・自己嫌悪で育児ノイローゼのような時期に、死にたいと思ったことがありました。そんな私が、生きたいと思ったきっかけは、子どもたちの「お母さん」と言わんばかりの笑顔でした。子育てに苦しんでいたのに、子どもたちが私の生きる力になりました。それからあらためて感じた家族や親の愛。「生きててよかった」と心から思います。

絶望感・孤独感の中で、希望が見えない。苦しい。死にたいと思ってしまう。でもどうか感情のまま行動に移さず、グッと踏みとどまってください。誰かに話をしてみてください。人間には、苦しさを乗り越えられる力があることを信じてあきらめないでください。これから楽しいことやうれしいこともあるはずです。

そして、私たち大人が、子どもが立ち直れるような「気持ちを分かる一人」であるように…と真剣に思います。

護身術講習会　1月9日

12月2日、若楠小学校で、護身術講習会（ＰＴＡ主催）が行われました。講師は池田征士郎さん（日本空手連盟佐賀支部長・県営高木団地北自治会長）と今泉日出海さん（同連盟県本部長）。

参加した親子約50人は「逃げるが勝ち。子どもや女性は力では負ける。いかに逃げるかが大事」と、つかまれた腕を振りほどく方法や抱き付かれたときの対処法などを、2人組で実践しました。また、子どもたちは「いざというときに大声で助けを呼べるよう、日ごろから大声で誰にでも挨拶《あいさつ》をすることが大事」と挨拶の発声練習も。池田さんは「いじめにしても、はっきり自分の意見を言えることが大事だと思う。腹の底からの大声の挨拶が自分の身を守ることの始まりです」と話されました。

私はこの挨拶の話にとても納得しました。知らない人に大声で挨拶するのは、かなり勇気が必要です。いざというときの訓練になるでしょう。また、犯罪者の心理も、地域住民が挨拶を交わし、知り合いばかりに感じたら悪いことはできないと思います。

子どもたちに警戒することばかりを教えがちですが、あらためて大きな声で挨拶をすることが大切だと思いました。

家族でお正月

2月6日

私の家族は毎年元旦にみんなで神社にお参りにいきます。

今年も神社にお参りに行ったとき、子どもたちが3日まで休みの張り紙をしている店を見つけて、「お休みのお店もあるんだねー」と、少しびっくりしたように言いました。

今、大手コンビニは24時間年中無休営業。大手スーパーなどの初売りは元旦からで、元旦の新聞には山ほどの初売りの広告が入っている時代です。こんな時代に育っている子どもたちには、田舎育ちの私の子ども時代の、正月三が日は休みが当たり前だった常識は信じられないことでしょう。

私は自分の子どものころの話をしながら「お店が開いてるということは、働いている人がいるということ。昔に比べると、うちみたいに家族そろってお正月を迎えてない人が増えたんだよね」と話しました。

「物質的な便利さ・豊かさは、心を貧しくした」とよく聞きます。店が開いてないのは不便かもしれませんが、家族がそろってのんびり、お節料理を頂きながら、家族団欒《だんらん》してお正月を過ごせたころのほうが、気持ちは豊かだったような気がします。

折り鶴を持って沖縄へ

3月13日

3月2日の夕方、マックスバリュー若楠店前で、城北中2年生の「折鶴実行委員会」が、買い物客に折り鶴を折ってもらおうと街頭活動をしました。

実は2年生は、4月の沖縄への修学旅行に向けて、食・文化・平和など、いろいろなテーマ学習に取り組んでいます。特に沖縄は激戦地だったこともあり、平和への願いを折り鶴にして沖縄に持っていこうと、折鶴実行委員会ができたそうです。そして、1人がたくさん折ることよりも、たくさんの人に折ってもらおうと街頭活動を始め、今回が3回目でした。

1時間程の活動で150羽くらい集まるそうです。担当の中原康史郎先生は「平和の大切さを、家族や地域の人たちにも感じてもらえることを願っています」と話されました。

実行委員の田代幸見さんは「たくさん折ってくれる人、励ましてくれる人などがいてうれしい。悲惨な事件ばかり聞くけど、やさしい地域の人たちを感じ、心がほっとします」と話してくれました。

私はあらためて「子どもたちにとって身近な平和は、地域や暮らしに安心できること」だと痛感しました。沖縄へたくさんの人の、願いのこもった折り鶴を持っていってほしいと思います。

完璧な親なんていない

4月10日

唐津市で2月14日から3月24日まで、週1回、親支援プログラム「ノーバディ・パーフェクト＝完璧《かんぺき》な親なんていない」全6回講座を行いました。このプログラムは、子育て中の親同士が対話を通して子育ての知恵を学び合う参加者主体の講座です。佐賀県では初めての講座でした。

　参加した母親は、子育ての具体的な方法や悩みについてお互いに学び合いました。回が進むにつれて参加者同士が親密になり、お互いを思いやり励ます場面が見られました。参加者は「みんな同じように悩んでいるのがわかり自分だけじゃないとホッとした」「講座で学んだことを生かしたい」「講座後もこの仲間と連絡を取り合いたい」など子育てに前向きになれたと話してくれました。

　子育て支援が叫ばれるようになり、さまざまな取り組みがなされてきました。しかし一方で、支援が子育てサービス過剰になりがちで、それによる親の資質低下が見られるという声も上がり始め、親が育つ支援の必要性が求められています。今回この講座が「親が育ち合うプログラム」として、全国で広がっているすばらしさを目の当たりにした6回講座でした。

With a blue sky　5月8日

「With a blue sky」という絵本が4月の新刊で発売されています。どこにでも咲いているタンポポが主役で、シンプルなタンポポの一生を、読む人それぞれの感じ方で読めるやさしい絵本です。

この絵本の著者の「ちわたちさと」さんは、私が代表を務める子育てサークルの会員で2児の母です。大学に進学しましたが、結婚を決意し中退。19歳で母になるという道を迷うことなく選びました。でも若くして母になった不安や気負い、また今までの友だちとは違う生活になったので話が合わないなど、孤独感でつぶされそうな時期もあったそうです。そんな時、サークルで悩みや不安、喜びも分かり合えるママ友だちができたことがとてもうれしかったと話してくれました。

小さいころから絵が好きで絵本を作るのが夢だったちさとさん。少しでもこの絵本で「10代でママになった人たちに夢や希望を与えられたら…」「孤独を感じている人に一人じゃないことを感じてもらえたら…」と願っているそうです。

私は、日ごろからとても協力的なご主人の話にも感心しました。若い夫婦が助け合いながらできた絵本。絵本のタンポポの世界で、自分の今の幸せを感じてみてください。

みんなで力を合わせて

6月5日

若楠校区子ども会のキックベース・ミニバレー大会が5月27日に若楠小で行われました。各自治会の子ども会からキックベース19チーム、ミニバレー11チームが出場。約230人の子どもたちが参加しました。

私は八丁畷子どもクラブのミニバレーの指導に携わりました。子どもたちは上手になりたい、勝ちたい一心で、みんなで練習に励みました。

本番では、八丁畷の6年生チームと他の2チームが決勝に残りました。結果は八丁畷が優勝しましたが、3セットまでもつれ込む激戦で、どのチームが勝ってもおかしくない素晴らしい試合でした。みんなで力を合わせて一生懸命ボールを追う姿、失敗しても励ましあい、次に向かっていく姿はとても感動しました。

試合後、みんなでジュースで乾杯しお弁当を食べました。みんな満足の笑顔でした。

一人ではできないこと、思うように勝てないことの経験は、一人では味わえない喜びや悔しさが体験できます。チームの中での自分の立場を理解しチームのために頑張ることの楽しさや、みんなで同じ目標に向かって一生懸命取り組む楽しさを、子どもながらに経験してくれたようです。

どうしよう…

7月3日

私が代表を務める子育てサークルの会員さんから「子どもへの犯罪が身近なところでも起きている話を聞いて、子どもが大きくなったらどうしよう…と、とても不安になった」と話がありました。

ある防犯研修会で「犯罪者の心理からすれば、あいさつができる子は避ける」との話がありました。また「もし犯罪に遭ってしまったとき、子どもは自分が悪かったからこんな目に遭ったと自分を責めてしまうことが多い。恐怖で何もできなかった子どもに『なぜ大声を出さなかったのか』など聞いてしまいがちだが、子どもはますます自分を責めることになる。心の傷は愛情でしか癒やせない」とも話されていました。

子育てサークル世代は子どもが小さく、親と一緒にいるこの時期だからこそ、家族やほかの地域の人などにも親と一緒にあいさつをして、習慣づけることができます。また子どもについ「なぜこんなこともできないの」など責めるように言いがちですが、日ごろから「どうしたらいいかな」と一緒に考えるようにしようと話しました。

どうしよう…。私自身も日ごろの子育てを振り返り、子どもの無事な成長を祈りました。

親支援プログラム

7月31日

唐津市で開いた講座に続いて、川副町児童館で親支援プログラム「ノーバディ・パーフェクト＝完璧《かんぺき》な親なんていない」を行いました。5月31日から7月12日までの週1回の全6講座で、参加者が主体となり、子育て中の親同士が対話を通し子育ての知恵を学びあうプログラムです。

参加者のほとんどが核家族だった前回の唐津市とはまた違って、同居世帯が多い地域性ならではの子育ての工夫なども聞かれました。みんなで意見を出し合い、自分の子育てや生活を振り返り、知らなかったやり方や考え方を聞いて、実際に生活に取り入れたそうです。

参加者は「サークルの仲間と一緒に講座を受けたが、ますます仲良くなれた」「講座がとても自分のためになった」「心がホッとした講座だった」と話してくれました。

子育て支援が必要といわれて約10年になりますが、現在は「子育て親育ち」の支援が必要といわれています。この講座は親同士が主体的に参加し、学びあうことで、いろんなことを相談できる子育て仲間になれます。各地でたくさんの人に受けてほしいと思います。

多胎児の母親講座

8月28日

県教委の協働提案型家庭教育講座委託事業「双子・三つ子ママの元気が出る子育てサプリメント講座」（双子・三つ子サークルグリンピース主催）が、10月3日から10月31日までの毎週水曜日、10時から12時まで、佐賀市ほほえみ館で行われます。この講座は就園前の双子・三つ子など多胎児の母親対象の5回連続講座です。

多胎児の子育ては、出産・育児のリスクが非常に高く、子育ての仕方も工夫が必要で、育児不安や悩みの非常に強いことが多いです。

私自身初めての子どもが双子で、子どもが小さいころは本当に大変でした。育児書を見ながら子育てし、体を休める暇もなく、心身共に疲れはてて、育児ノイローゼのような時期がありました。このような体験から、何でも話せて、学び合い、励まし合える、多胎児の親の子育て仲間の必要性を強く感じています。

今回この講座を企画しましたが、5回連続講座を受けることで、多胎児の母親同士が仲良くなり、子育ての仕方や工夫、悩みをお互い話し合って、前向きな気持ちで子育てしてほしい。講座後も、励まし合える仲間になってほしいと思います。

子守唄フェスタ

9月25日

9月9日、佐賀市文化会館で、しっちょこはっちょこ会主催の「だっこやおんぶでうたってよ！子育て唄《うた》」がありました。

大人の合唱団のきれいな歌声や、園児たちのかわいらしい発表。私が代表を務める「双子・三つ子サークルグリンピース」は、だっこやおんぶで唄う部に出場しましたが、会場から双子・三つ子の子育てに応援の温かい拍手をいただきました。最後にみんなで歌や踊りがあり、会場は終始笑顔と拍手に包まれました。

しっちょこはっちょこ会は、12年前に、佐賀の子守唄を歌い継いでいくとともに、子守唄で優しい心を取り戻し、子育てでゆとりのない若い親の支援をしていくことを目的として発足。会長の川副邦子さんは「だっこやおんぶで子守唄を歌いながら優しい気持ちで子育てし、乳幼児期に愛情を肌のぬくもりとともに子どもたちにしっかり伝えてほしい。それが思春期のさまざまな問題を乗り越えていく力になると思います」と話されました。

子守唄は、生まれてすぐの赤ちゃんにもできる最高のスキンシップです。子守唄を知らない人は童謡でもいいと思います。子どもに優しく歌って抱いてあげてください。

チェーンメール　10月23日

子育て中の親、特に幼い子どもを持つ親が不安になるようなチェーンメールが出回っているという報道がありました。内容は「幼児をトイレに連れ込んでいたずらされる事件が相次いでいる」というようなもので、「子どものいる友だちに送って、みんなで子どもを守ろう」とあり、見た人は「大変！　友だちに教えてあげなくちゃ！」という心境になり、送ってしまうというチェーンメールだそうです。このようなうわさ話は過去に何回か聞いたことがありましたが、とうとうチェーンメールで流れたか…と思いました。

今日、さまざまな子どもに関する事件が起きていて、身近なところでも、声かけ事案や、連れ去り未遂事案などが起きています。そのような中で、このメールが不安な親の心理に付け込んで面白がってやったいたずらだとしたら、本当に悪質で、子どもを持つ親として腹立たしい気持ちです。

しかし、実際にあっている事件や事案には、もう少し危機感を持つことも必要だと感じます。

今回のようなチェーンメールやうわさ話には、むやみに不安にならず、落ち着いて、状況判断することが大切だと思います。

双子の母でよかった！ 11月20日

10月3日から連続5回講座で行われた、県教委の協働提案型家庭教育講座委託事業「双子・三つ子ママの元気が出る子育てサプリメント講座」（双子・三つ子サークルグリンピース主催）が11月6日に最終回を迎えました。初回に参加者自身が内容を決め、「食事」「しつけ」や「親子で運動会」に続いて、「すっきり話そうママのイライラ」をテーマに話し合いました。回が進むごとに参加者の表情がどんどん明るくなり、とても仲良くなりました。

最後にこれまでの講座を振り返って、参加者が一人ずつ感想を言いました。中には涙に声を詰まらせながら「双子の母親の友だちができてよかった」「私は一人じゃない！と心から思えた」など、全員が講座を受けてよかったと話してくれました。アンケートにも「双子を生んだおかげで皆さんに出会えたことに感謝しています」という意見がありました。私も双子の母親だからみんなの気持ちがよくわかります。

多胎児の子育ては本当に大変です。だからこそ同じ境遇の仲間の出会いがこんなにそれぞれを元気にさせる、幸せに感じさせるのだと思います。講座を開催でき本当によかったと感謝しました。

緊急集団下校訓練

12月18日

佐賀市若楠小学校で緊急配信メールを使った「緊急集団下校訓練」が、11月21日に行われました。訓練は隣接校区で事件が起きたことを想定。緊急に集団下校をするという内容で緊急配信メールをして、メールに書いてある時刻に保護者が学校へ駆けつけ、子どもたちと地区担当の先生と一緒に集団下校をしました。

この訓練は、6月に嘉瀬小校区で発生した暴力団抗争事件の際の集団下校の際、昼間のために地区連絡網が機能しなかったことから、新たな連絡方法としての試みでした。

当日は、メールに書かれた時刻に約110人の保護者が学校に集まりました。中には、携帯を持っていないので近所の人や同級生の保護者に教えてもらうようお願いしたという人もいました。

今年だけでも数回、子どもたちが安全に下校できるための集団下校などの必要があるような事件が身近に起きています。しかし、保護者の多くはほとんど共働きで昼間に自宅にいないのが現状です。新たな連絡体制を考える必要があると思います。また日ごろから、近所の人や親同士が助け合うようなつながりを持つよう心がけることが大切だと思います。

全国優勝を成し遂げて

1月29日

12月16日、城北中学校（石丸和人校長）で甲子園や佐賀総体で優勝した先輩たちの「全国優勝を成し遂げて」という講演会がありました。パネラーは北高の野球部4人と高志館高校アーチェリーの3人、佐賀女子高校新体操の1人で、優勝までの努力と、悔しさをバネに前向きに頑張った話や、試合には出れなかったけど陰で仲間を支え精いっぱい応援した話など、どの選手の話もとても感動しました。

コーディネーター役を務めた吉木教頭先生は「身近な人が全国優勝を果たしたことで『自分たちもやれる』という希望と夢を生徒たちに持ってほしい」と講演会を企画した願いを話されました。実際、生徒たちのアンケートには「自分もやれるかもしれない」「陰での支えがすごいと思った」などの言葉がたくさんあったそうです。

北高の市丸くんが「レギュラー以外の仲間が自分たちをいろいろ支えてくれた。優勝はみんなでできたこと。本当に周りのたくさんの方々に感謝しています」と力強く語りました。個人主義に走りがちな昨今ですが、人は人に支えられ助けられていること、そのことに感謝し、伝えることの大切さを忘れてはいけないと思いました。

地域の子育て

3月4日

「地域の子育て」という言葉をよく耳にします。私は自分の住んでいる地域で、自主活動の子育てサークルに携わっていますが、それも「地域の子育て」の一つです。このような地域に密着した自主活動の子育てサークルが、身近なところにあることを知っていますか？

佐賀市内では、旧佐賀市の各校区公民館のほとんどにそのような子育てサークルがあります。ほかに大和や川副にもあります。みんなボランティアでサークル運営をしています。

地域の子育てサークルは、地域の方が親子の集える場をお世話されている「サロン型」と、母親がみんなで協力しながら仲間づくりをしている「サークル型」があります。どちらも親子参加型ですので、一緒に活動に参加し協力しながら、和気あいあいとした活動をしています。だから地域の人や親子と友だちになれ、地域の中での子育てを楽しむきっかけになっています。

このごろは子育て支援センターや、行政主導のサロンなどがたくさんできて、地域の自主活動の子育てサークルのことをよく知らない親子が増えてきました。ベビーカーを押して行ける地域の子育てサークルに、みなさんぜひ参加してください。

子どもがいるから…

4月1日

今年の春、私の3人の子どもたちは卒業・入学という成長の節目を迎えます。双子の兄妹は中学を卒業し、それぞれ違う高校に進学。末娘は中学へ進みます。

城北中学校の卒業式では、石丸校長先生の式辞とともに卒業生へ歌のプレゼントがありました。佐賀北高ナイン優勝の映像のバックミュージックの曲で、歌手のｍｏｎさんによる「あおぞら」でした。歌の後、ｍｏｎさんの「あなたがいるから頑張れる人がいます」というメッセージに、私は涙があふれて止まりませんでした。

振り返れば親になってこれまで、本当にいろんなことがありました。小さいころ病気がちな双子の子育てに、まるで暗いトンネルに投げ込まれ、先が見えないような気持ちになった時期もありました。でも、子どもたちの笑顔に励まされ、家族やたくさんの人に支えていただきました。そして今、双子は高校生、末娘は中学生という新たなステージに上がります。

子どもたちの成長の節目に、自分自身をも振り返ることができる親の喜びは、本当にかけがえのない幸せだと思います。これまでのステージの宝物の思い出を胸に、また新しいステージを子どもたちと一緒に過ごしていきます。

文鳥の雛育て

4月29日

春休みのこと。中学1年生になった娘が、文鳥の雛《ひな》を手乗り文鳥に育てたいと言い出しました。さっそく娘は飼育の本を買ってきて猛勉強。入学式の日の夕方、1羽の文鳥の雛がわが家にやってきました。まだ毛もほとんど生えてない弱々しい小さい雛でした。この日から娘の中学生活と、雛育てが始まりました。

朝、娘は早起きしてさしえをします。雛は「ピーピー」と大きな声で鳴いて餌を欲しがり、口を大きく開けて、さしえにむさぼりつくように食べます。娘はその愛らしさに眠気も吹っ飛ぶそうです。雛の世話の主導権は娘ですが、家族も協力・分担。3週間がたち、雛は随分しっかりしてきました。

先日、病院で雛の食事の指導を受けました。貝殻粉末はそのままでは菌の繁殖の心配があるそうです。流水で何回も洗い、電子レンジで殺菌・乾燥させ保管。青菜はやっぱり無農薬がいいと、畑に小松菜の種をまきました。

本来、早起きは苦手でめんどくさがりな娘ですが、雛に元気に育ってほしいと毎日頑張っています。小さな命を育てる大変さと、それ以上の喜び…、人間の子育てと重なります。今、娘は貴重な経験をしていると思います。私も娘の雛育てを見守り、応援したいと思います。

文鳥の雛育て（2）

5月27日

中1の娘が、生後3週目の文鳥の雛《ひな》を育て始めて7週間がたちました。

娘は、毎日毎日早起きをして雛にさしえをしていました。しばらくたって娘は「早く普通の餌を食べるようになってほしい。そしたら楽になるのに」と言うようになりました。

生後8週目、雛はずいぶん飛べるようになったのですが、まださしえの餌しか食べません。それで普通の餌を食べる練習を始めました。手のひらに雛と餌をのせ、餌をつまんで口の中に入れると「なんだろう?」というように首をかしげて食べます。次第に雛は、口から落とした餌をついばむようになりました。だんだん自分で餌を食べるようになり、10週目のころ、雛はすっかり一人前の手乗り文鳥になりました。

さしえしか食べなかったころは、さしえを見ると飛んできて「ピーピー」鳴いてまとわりついてきたのに、今ではさしえに見向きもしません。娘は雛の成長はうれしい半面、少しさみしいと言いました。私は、赤ちゃんだった娘が卒乳した時の同じような気持ちを話しました。娘はそれを聞いてにっこり笑い「子育てと同じだね」と言いました。そしてあらためて雛の成長を喜びました。

地域の子育て（2）

6月24日

5月27日、「佐賀市子育てサークル連絡会」の総会が、佐賀市「ゆめ・ぽけっと」でありました。連絡会は、佐賀市の地域子育て支援センターから支援を受け、各校区の公民館や公的な施設で自主活動している子育てサークルのネットワークです。今年から「ゆめ・ぽけっと」が事務局になり、現在25サークルがメンバーです。

サークルのほとんどが、各地域のボランティアや母親自身による自主運営で、地域の親子の仲間づくりや居場所づくりの活動をしています。連絡会は各サークルの運営の悩みや、情報交換などができる交流の場です。

子育て支援が叫ばれるようになり10年以上がたちましたが、まだまだ子育て支援は模索しながら行われています。総会には25のサークルのほか、子育て支援センターや佐賀市の子どもも課からも出席がありました。行政と支援する側、支援される側が一堂に集まったことは大変意義あることだと思います。

いろいろな立場の人がつながり合って、これから育っていく子どもたちを見守り育て、親も育ち合える。また地域も、子育て支援も育ち合えるようなきっかけになることを心から願います。

逃げるが勝ち！

7月22日

7月13日、若楠小学校で「安全講習会」が行われました。若楠小PTAでは、子どもの安全に関する取り組みについて検討し実践化をはかる「若楠安全チーム」があります。このような講習会は今年で3回目。年々参加者も増え、今回は約100人の参加者がありました。

講習会では、スクールガードリーダーの石橋さんから、声かけ事案の話などを聞いた後、空手講師の今泉さんと池田さんによる実技講習がありました。実技では「逃げるが勝ち。子どもは大人の力には勝てない」と、手をつかまれたり、抱きつかれたときの逃げ方など、親子で実際に体験しました。

また、いざという時に大きな声を出せるように、日ごろから誰にでも目を見て大きな声であいさつをすることが大事と、実際に1人ずつ大声であいさつの練習をしました。

松尾雅則校長のあいさつの中で「悲しいが悪い人もいる。日ごろから備えておきましょう」と話されましたが、本当に悲しいことだと思います。

まずは逃げる。逃げれば助けてくれるいい人がたくさんいる地域であることが、私たち大人ができる「子どもたちの安心」だと心から思います。

御仏様は見てござる

8月19日

お盆が近づくと私は子どものころを思い出します。私は他県の温泉町がある田舎育ちで、小学生のころからお寺でガールスカウトをしていました。夏休みには募金や奉仕活動、キャンプ、お盆行事などが夏休みの楽しみでした。

お盆行事には必ずお寺の和尚さまのお説法を聞きました。子どもの私にもわかりやすい言葉で話され、今も心に残っています。お盆になるとご先祖さまが帰ってこられること。地獄に落ちた弟子の母親、その弟子が母親を救いたいと善をつくしお経をとなえたこと。母親が救われ、その喜びで踊った踊りが盆踊りの始まりという話。

人はこの世に生まれ、今どういう生き方をしたらいいかなど…。そして「誰も見ていないと思っても、御仏様はいつも見てございます」と話されました。

今、殺人や偽装事件などいろいろな悲しい事件が起きています。いじめも悪質で、いじめているという自覚がない。本当に悲しくなります。

「御仏様はいつも見てござる」。今思えばこの教えは私自身の心の羅針盤のようなものでした。善悪の行いすべていつも見てござる。見えないものへの敬いの気持ち、生かされているという謙虚さを忘れないでいこうと思います。

多胎児子育て講座

9月23日

「双子・三つ子ママの元気が出る子育て講座」（5回連続）を10月24日から12月12日までの期間中、佐賀市ほほえみ館で行います。対象は就園前の多胎児を持つ母親。「双子・三つ子サークルグリンピース」が、本年度の生命保険協会の助成金を受けて行う講座です。

講座では、多胎児ならではの子育ての工夫の仕方を教えあったり、悩みに共感し励ましあったり、先輩の話にヒントをもらったりします。「自分だけじゃない。同じように子育てをしている仲間がいる」と、今までより元気になり前向きに子育てしていこうと思える仲間ができた、との声を受け、今年も新しい仲間と講座をしようということになりました。

私自身が双子の母親で、子どもたちが小さいころは本当に大変でした。グリンピースを立ち上げたのも自分の体験があったからこそ。次の母親たちを励ましてあげたいと思いました。この講座は、サークルの仲間が私と同じような気持ちで作り上げていきます。サークル会員以外からも、少人数ですが参加できます。問い合わせは佐賀市母子保健係、電話0952（40）7282へ。

よく頑張ったね！

10月28日

「子どもたちの誕生日がきたら、それまで頑張った自分を必ず褒めてあげてね」。これは、私が代表を務める「双子・三つ子サークルグリンピース」のお誕生会の時に必ず言う私の言葉です。

「子どもたちが1歳になった時、双子や三つ子の子育てを1年間頑張った自分がいます。2歳になったら2年間、3歳なら3年間…。子どもたちの成長の裏には、言葉にはできないほどの大変な日々があったことでしょう。誰よりも自分が一番わかっています。本当によく頑張ったね」

お誕生会の母親は、涙ぐんだ目と最高の笑顔で「本当に頑張りました。まわりの皆さんのおかげです。ありがとうございます」と言いました。

私も双子の母親です。子どもたちが小さいころは、こんなに頑張っているのに…と悩んだり、落ち込んだり、できない自分を責めることばかり。誰も認めてくれない気がしたものでした。そんなときに思ったのが「自分を褒めて自分が認めてあげよう」でした。これは自分の癒やしにもなりました。

自分に厳しく、いつも向上心を持って努力することは大切ですが、時にはしっかり自分を褒めて認めてあげてください。

未来へひびけ

11月25日

11月16日、「未来へひびけ」のスローガンのもと、若楠小学校の創立30周年記念式典が同校体育館で行われました。式典は2部構成で行われ、1部は式典、2部は歌手ｍｏｎさんのライブや子どもたちの演奏、ソーランの発表があり、会場は30周年を迎えた喜びの笑顔でいっぱいでした。

この式典に向け、4月から子どもたちは式典のテーマソング「あおぞら」を毎朝校内に流し、歌の練習をしたそうです。式典ではｍｏｎさんと一緒に合唱をしました。

「あおぞら」は、歌詞の一つ一つに子どもたちへの愛のメッセージが込められていて、ｍｏｎさんの透き通る歌声と、「あなたがいるから頑張れる人がいます。生まれてきてくれてありがとう」というｍｏｎさんの言葉に涙が止まりませんでした。

創立当初は、校舎と運動場しかなかった学校に小山をつくり木を植え、30年たった今は、小山が森になっています。「いい学校にしよう。子どもたちが健やかに育ってほしい」という願いで、学校をみんなでつくってきたのだと、あらためて感慨深く思いました。これからも愛する未来の子どもたちの学舎《まなびや》として、大切に歴史を刻んでほしいと思います。

願いを込めて

12月23日

私が代表を務める「若楠にこにこ子育てサークル」のクリスマス会では、毎年、星の女神様とサンタクロースがやってきます。

星の女神様は子どもたちに「お友だちができるお約束」を話し、みんなにたくさんお友だちができる魔法をかけます。お約束は三つで、一つ目は「あいさつをすること」。二つ目は「ごめんなさいが言えること」。三つ目は「ありがとうが言えること」。みんなは魔法をかけてもらい、その後、女神様の友だちのサンタクロースからプレゼントをもらいます。

私はこのシナリオを考えたときに、子どもたちだ

サークルみんなの手づくりで、すてきな笑顔が広がるクリスマス会

けでなく、会場にいる大人にも、同じ願いを込めました。友だちは、コミュニケーションで気持ちがつながるもの。なにもしないで待っていても友だちはできません。ほんの少し勇気を出して子育て仲間をつくり、みんなで前向きに子育てをしていきたいといつも思います。

毎年手づくりのクリスマス会には、サークルの仲間の力が集まります。今年のクリスマス会も、当番班を中心にみんなでやれたクリスマス会でした。無事に終わった満足感と「おかげさま」「ありがとう」の言葉が飛び交い、みんなすてきな笑顔でした。

また次の人へ…

2月3日

双子・三つ子サークルグリンピース主催「双子・三つ子ママの元気が出る子育て講座」（連続5回）を10月から12月にかけて行いました。参加者のアンケートには、「みんな同じように悩みながら子育てしていることがわかりホッとした」「みんなに教えてもらったことを生活に生かしたい」などがあり、子育てに前向きになれたようです。

なかでも私が特にうれしかった意見がありました。それは「講座やグリンピースに自分が救われたように、これからも双子・三つ子ママがどんどん集まって、次は私たちも新しいママさんたちの力になりたい」という意見です。

私自身も双子の母親で、子育ての先が見えずに苦しかった時期に偶然出会った双子の先輩ママに励ましてもらいました。その励ましの言葉にどれだけ救われたか…。だから私は「次の双子ママを励ましてあげたい。顔を合わせ言葉を交わし、温かい交流ができたら…」と思い、このサークルを立ち上げました。

その気持ちがみんなに伝わり、その次の人へまたつながろうとしています。サークルを立ち上げて本当によかったと心から感謝しました。これからも、みんなで力を合わせて助け合いながら、活動を続けていきたいと思います。

子育てサークル交流

3月3日

佐賀市子育てサークル連絡会の交流会が2月13日、ゆめ・ぽけっとで行われました。

連絡会は10年ほど前、「ベビーカーを押していける地域ごとに一つの子育てサークルを」と、佐賀市の支援センターの働きかけで、まだサークルのなかった公民館に設置されたサークルと、すでにあったサークルなどを結ぶネットワークとして発足しました。

サークルは、地域の方や、子どもを持つ親自身が、ボランティアで協力し合って自主運営をしています。この流れから、佐賀市の支援センターが、よりよい自主サークル支援ができるようにと事務局を置き（現在はゆめ・ぽけっとが事務局）、地域のサークルと連携を図ってきました。

各サークルはいろいろな運営の仕方や、特徴があり、今回の交流会も参考になることがたくさんで、時間が足りないくらいに盛り上がりました。

佐賀市には「地域の子育てを！」とボランティアで純粋な気持ちで運営する、安心して参加できる子育てサークルがあります。顔を合わせ、声を掛け合い、肌で感じるぬくもりがあります。たくさんの親子が、人と人との交流で育ちあうことができれば…と思い願っています。

最後の「日だまり」に

3月31日

私が最初の「日だまり」を書いたのは、平成15年1月で、私の双子の子どもが小4、下の娘が小1でした。私は子育てサークルをしていることもあり、題材は子どもたちを取り巻く身近な出来事が主で、私たち大人が子どもたちのために何ができるかを、感じたままに書かせていただきました。

今、社会は、１００年に一度といわれるほどの世界経済不況です。環境問題も刻々と深刻さを増しています。通り魔犯罪など殺すのは誰でもよかったという事件も起こっています。経済が悪くなるともっと犯罪が増えるでしょう。それなのに、政治は自分たちの政党のことばかりで、私たちの生活のことを真剣に考えているのかと、腹立たしささえ感じます。

子どもたちが大人になったとき、どんな社会になっているのか。それは私たち大人の責任です。子どもたちのためにやれることから行動を起こし、少しでもいい社会に…と思います。私たち一人ひとりは大変微力ですが、集まればきっと大きな力になると信じたい。そして「子どもたちのために…」という愛のバトンを、子どもたちが次の子どもたちへと伝えてくれることを願ってやみません。

CHAPTER 2

まちの話題

(2009年４月～2011年９月)

子育て支援センター

4月29日

諸富にある佐賀市社協地域子育て支援センター「ふれあい広場」が5年を迎え、今までの活動の歩みを紹介するイベントが、5月23日（土）10時から正午まで行われる。

手作り布おもちゃ、新聞紙などの遊びのコーナー、地域のボランティアによる絵本の読み聞かせなどが行われる。赤ちゃんの育児相談コーナーもある。活動の歩みの紹介や、貸し出しできる玩具なども展示される。

社協の子育て支援センターでコーディネーターをされている野口洋子さんは「広場は『地域の子育て』の拠点として活動してきた。節目のイベントで、これまでの活動をまとめて振り返り、これからの歩みの起点にしたい。親子はもちろん、子育てサークルをしている人や、支援関係者などにも来てもらい、地域で育つ子育て支援の参考になれば」と話す。

5周年記念イベントでは、新聞紙を使った遊びのコーナーなどもある

これまで積み上げられた多くの人とのつながりや親子の育ちは、地域に根付いた地域の子育てになっている。

子育てサークル連絡会総会

6月24日

佐賀市子育てサークル連絡会（事務局＝ゆめ・ぽけっと）の総会が5月26日、ゆめ・ぽけっとで行われた。

総会には、旧佐賀市の公民館などで行われている連絡会所属の25の自主的な子育てサークルの代表者らが集まる。佐賀市子ども課や佐賀市地域子育て支援センターからも出席があり、佐賀市の子育て支援を考えていく機会になっている。

総会開催後、連絡会のサークルを3つに分けたグループ交流会が6月末までに実施される。グループ交流会では、各サークルの代表者が顔を合わせ、情報交換し、運営のヒントや、工夫の仕方などを教えあう。その後も定期的に情報交換の場を設け交流を図る。

総会には連絡会所属の子育てサークルの代表者らが参加した

身近な子育ての居場所を作ろうと、地域の方々や、母親同士で運営する子育てサークル。各サークルとも、毎回みんなで力を合わせ、楽しく活動を行っている。

まなざしリポーター

8月19日

佐賀市の「子どもへのまなざし運動」の活動をリポートする「まなざしリポーター」9人が、研修を受け、取材活動をしている。

佐賀市では、すべての大人が子どもの育成に関心を持ち、主体的にかかわる社会「子どもへのまなざし100%のまち」を目指し、市民総参加の「子どもへのまなざし運動」を推進している。家庭や地域、企業、学校などを、子どもをはぐくむ四つの場と位置づけ、それぞれでの大人の役割を定め、行動指針を提案している。その提案を受けて、それぞれ四つの場では、さまざまな取り組みが展開されている。

まなざしリポーターは、そのような活動を応援し、市内全域に広げるために、そして未来を担う子ども

子どもの育成に関心を持つ市民の取り組みを取材、紹介している「まなざしリポーター」

たちのため、四つの場での具体的な取り組みなどを取材し、紹介していく。情報提供や問い合わせは「子どもへのまなざし運動推進室」、電話0952（40）7354。

PTAネット講習会

10月14日

子どもをネットの危険から守ろうと、若楠小PTAと若楠公民館主催による3回連続の講習会が行われている。

1回目は3日に、小学校PTA主催の「ネットの危険から子どもを守る講習会」を実施。実際に起きた事件の再現ドラマの視聴を交えながら、佐賀県警サイバー犯罪捜査官の藤井信吾氏による講義があった。

2回目は若楠公民館主催で10日に開催。佐賀県内の教員や情報関連事業者、大学関係者らで構成し、ネット社会の現状をわかりやすく伝えようと活動し

若楠小PTAなどが行った「ネットの危険から子どもを守る講習会」

ている「KODOMO2・0」が、自作の寸劇「YOKOO!劇場」を行った。3回目は24日に、KODOMO2・0による、有害サイト疑似体験がある。

参加者は「とてもわかりやすかった」「こういう講習会をもっと各地で行ってほしい」と話し、3回目の講習会に期待している。

子育て・孫育てサポーター養成講座　12月9日

11月16日、佐賀女子短大子育てコミュニティカレッジで、団塊の世代を対象とした「子育て・孫育てサポーター養成講座」の閉講式が行われ、受講生26人に修了証が授与された。

講座は昨年10月から始まり、受講生は子育て支援の現場実習を経て、支援の理論学習を学び、遊びの場を企画し実践した。最終日は、佐賀市のふたば幼稚園で「三世代交流フェスタ」を開催。園児や就園前の親子が参加し、折り紙やお手玉、ボール投げなどで遊び、会場は笑顔と歓声で盛り上がった。

子育て・孫育てサポーター養成講座の受講生

受講生は講座を受けて「とてもいい講座で、自分自身が成長させられた」「自分の周りにいる子どもたちへの、自分の目線がやさしくなったように思う」「講座で学んだことを、これから地域の子育て支援に生かしたい」と、これからのボランティア活動へ向けて気持ちが高まっている。

エンゼルフェスタ

2月10日

「エンゼルフェスタ」が21日（日）午後1時から3時まで、佐賀市兵庫町のメートプラザ佐賀で行われる。

イベントの実行委員は、子育てサークル活動の活性化と地域でのネットワークづくりを目的に行われた「子育てサークル活動者研修会」（厚生労働省、こども未来財団など主催）の参加者や支援者の皆さん。身近な新聞紙やペットボトルなどを使った「手作り遊び場」の準備を進めている。

イベントの内容は、キッズホップヒップインスト

エンゼルフェスタ開催に向けて準備する実行委員の皆さん

ラクターの多々良節子先生による親子リズム、おばけトンネル、的当て・ボウリングなど。北陵高ボランティア部のお兄さんお姉さんによる人形劇や折り紙広場も楽しみ。また、子育てサークル卒業生の「子ども店長」さんも張り切っているそうだ。

本庄小と城西中合同コンサート

4月7日

3月24日に本庄小体育館で、本庄小金管バンドと城西中吹奏楽部合同の「ふれあいコンサート2010」が行われた。このコンサートは、地域の皆さんに日ごろの感謝の気持ちを込めて毎年行われている。

今年、本庄小金管バンドは九州小学校バンドフェスティバル「金賞」、城西中吹奏楽部は県吹奏楽コンクール「金賞」を受賞。ともに力量のあるバンド。

体育館には、子どもからお年寄りまで200人を超す聴衆が集まり、子どもたちの演奏に聴き入っていた。

演奏した小学生は「地域のたくさんの人に聴いてもらってうれしい。ますます頑張って練習したい」と意欲的に話してくれ

本庄小体育館であった「ふれあいコンサート2010」

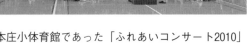

た。演奏を聴いた観客は「地域の小学校であるので気軽に歩いて出かけられ、高齢者にはうれしい」「子どもたちの演奏で元気をもらえる」と、毎年このコンサートを楽しみにしている。

諸富「こどもフェスタ」　6月2日

6月5日午後1時から、諸富町公民館で「こどもフェスタ」が開催される。

今年で6年目。当初の子育て支援事業をきっかけに、人々の関わりを広げてきた。実行委員会の団体も年々増え、産業団体や老人会、育成会、学校、教育委員会も加わり地域あげての行事に発展してきた。

今年のテーマは「未来へつなごう　子どもと地域の知恵の輪」。ボランティアの竹や草花、木工、布などを使った創作遊びや、小学生の手作りお化け屋敷などで楽しめる。また子どもたちはオープニングで「徐福太鼓」を披露しようと、地元の太鼓クラブの

諸富「こどもフェスタ」で創作遊びを楽しむ参加者（昨年のフェスタの様子）

指導を受け熱心に練習。「来場者に楽しんでもらいたい」と、地域ぐるみで準備を進めている。

当日は消防はしご車の体験も予定。ぜひたくさんの人に参加してほしい。

カブトムシすもう

7月28日

「第15回カブトムシすもう大会」（川副児童館主催）が7月17日、川副公民館で行われた。毎年恒例のこの大会に大勢の親子が集まった。

カブトムシ140匹がトーナメントで「横綱」目指して競い合う大会。今年の横綱になったのは、野口いちのしんくん（3歳）のカブトムシ。いちのしんくんとお母さんは、「うれしい、大切に飼育します」と喜びを語った。

児童館館長の古賀香光さんは「この大会は地域のたくさんの人たちと一緒に楽しむ大会。この行事をきっかけに地域の人や家族のコミュニケーションを図ってほしい。また、大会が終わった後

第15回カブトムシすもう大会の熱戦。子どもたちの歓声が響いた

もカブトムシを家族で協力して飼育することで、命の大切さを感じてほしい」と願いを話してくれた。

競技はほかに「50センチ走」などもあり、会場は終始子どもたちの歓声でにぎわっていた。

双子・三つ子の子育てシンポ　9月22日

佐賀県協働提案型家庭教育講座「双子・三つ子の元気が出る子育てシンポジウム」(双子・三つ子サークル「グリンピース」主催)が18日(土)、佐賀市ほほえみ館で行われた。

コーディネーターは佐賀女子短大子育てコミュニティカレッジの中村由美子(筆者)。シンポジストは唐津市の浜本洋子さん、鳥栖市の本多美子さん、佐賀市の山崎賀寿美さん、佐賀市母子保健係係長の野崎由紀子さんの4人。会場には多胎児の親や家族、行政関係者、看護学生など40人ほどの参加者が集ま

双子・三つ子の子育てについて語り合ったシンポジウム

り、多胎児の子育ての大変さや喜び、多胎児の親の交流の場や支援の必要性の話に真剣に聞き入っていた。その後はグループトークがあり、参加者はそれぞれの子育ての話などで交流を深めていた。

10月からは「多胎児母親の5回連続講座」と「多胎児父親講座」を開催する。講座の問い合わせは、佐賀市母子保健係、電話0952（40）7282まで。

双子パパの元気が出る子育て講座

11月17日

佐賀県協働提案型家庭教育講座「双子・三つ子パパの元気が出る子育て講座」（双子・三つ子サークルグリンピース主催）が10月31日、佐賀市ほほえみ館で行われた。

講師は佐賀女子短大子育てコミュニティカレッジコーディネーター中村由美子（筆者）。講座には父親5人が参加。自己紹介ゲームの後、聞きたいことや悩みを紙に書き出し、双子・三つ子ならではの子育てについて意見を交わし交流を深めた。

講座に参加した双子・三つ子を持つ父親たち

参加者は、「双子という特有な子どもの父親という立場なので、聞きたいことや悩みも共感することが多く、とても勉強になった」「こういう場をぜひ継続して開催してほしい。もっと父親の輪を広げたい」などの感想を話してくれた。

講座の後、参加者の家族で交流会が行われた。実行委員長の大坪恵子さんは「今後もぜひこのような、父親が交流できる場を企画したい」と語っていた。

双子ママの元気が出る子育て講座

1月19日

佐賀県協働提案型家庭教育講座「双子・三つ子ママの元気が出る子育て講座」（双子・三つ子サークルグリンピース主催）が、昨年10月13日～12月8日まで、連続5回講座として佐賀市ほほえみ館で行われた。

講師は佐賀女子短大子育てコミュニティカレッジコーディネーター中村由美子（筆者）。20人の参加者は、自分たちで「食事」「しつけ」などのテーマを決め、双子ならではの子育ての悩みや、子育ての工夫の仕方について学び合い、交流を深めた。

子育て講座で「食事」「しつけ」などについて語り合う参加者

参加者は「講座に参加して子育てに前向きになれた」「気持ちを分かり合える仲間がいる。双子の母でよかったと感謝です」と話し、受講前に比べて気持ちに良い変化を感じるそうだ。

実行委員長の大坪恵子さんは「双子の子育ては大変。こういう講座で、ゆっくりと子育てや自分自身を見つめることが大切。とても有意義な講座になってうれしい」と感想を話していた。

家庭教育相談員研修講座

3月16日

佐賀県の平成22年度「家庭教育相談員研修講座」が、昨年12月20日〜2月28日の日程で行われた。この講座は、子育て・家庭教育に関する今日的課題を踏まえ、保育所・幼稚園・地域社会での子育て・家庭教育相談や育児サークルなどの支援に対応できる人材を育成するために行われている。

全講義は20時間。カウンセリング、さまざまな事例、ワークショップ、シンポジウムなど、地域での家庭教育

約150人が支援者としての学びを深めた研修講座

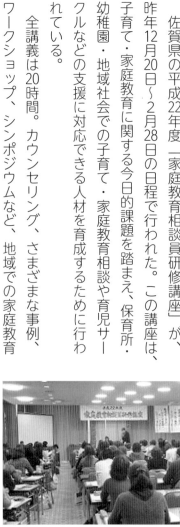

相談の現状と課題を考え、約150人が支援者としての学びを深めた。ある修了生は「見守り、寄り添い、話を聞き、親の学び育つ力を引き出していくことが大事だと思った。今後の活動に役立てたい」と感想を述べた。

講座業務委託団体の子育て学び隊〝アント・ポリー〟代表・光武夕日里《ゆかり》さんは「みなさんの学ぶ姿に感動した。この講座で人と人とがつながって、よりよい子育て環境ができることを願っています」と講座を振り返りながら願いを語った。

ゆめ・ぽけっと（佐賀市）

5月11日

佐賀市子育て支援センター「ゆめ・ぽけっと」（エスプラッツ2階）で4月20日、4周年を記念した「ぽけっとちゃんのお誕生会」が行われた。親子連れや地域の方々など約170名がお祝いに訪れた。

子育てサークルの親子の体操や、循誘小合唱部の歌声が披露され、参加者は楽しい時間を過ごした。ある参加者は「上の子はぽけっとちゃんと同じ歳。今は下の子もお世話になっています」と笑顔で語っ

ゆめ・ぽけっと4周年を祝うスタッフ

た。

「ゆめ・ぽけっと」は、子育て中の親子に交流の場を提供し、子育て相談や、地域での子育て支援への体制づくりや人材育成などを行っている。

平成19年4月にオープンし、4年間の来館者は14万8千人を超えた。所長の黒木由美さんは「親子はもちろん、たくさんの方々に支えられてきました。これからもここでいろいろな人がつながりあい、巣立っていく場としてお手伝いしたい」と喜びを語った。

しっちょこはっちょこ会

8月31日

子守唄フェスタ「だっこでうたってよ」（しっちょこはっちょこ会主催）が、9月3日（土）午後1時半から、佐賀市文化会館イベントホールで行われる。

フェスタは3部構成で、第1部は声楽家川野久美子さんの歌、第2部は子育てサークルの親子や保育園の子どもたちが歌や踊りを披露する。最後はみんな一緒に歌や踊りを楽しみ、小さなこども連れの親子や祖父母世代の方まで誰でも参加できる（参加無料）。

子守唄や童謡を披露する「しっちょこはっちょこ会」の皆さん

主催の「しっちょこはっちょこ会」は、健やかで優しい子どもの成長を願って、「懐かしい子守唄やわらべ歌をうたい継いで、子育ての応援隊になれたら」と平成7年に発足した。いろいろな子育て活動やイベントで子守唄や童謡などの歌を届けている。

代表の大島展子さんは「子守唄フェスタに参加していただき、少しでも優しい気持ちで毎日を過ごしていただければと願っています」とフェスタへの思いを語る。

双子・三つ子サークル（佐賀市）

9月21日

双子・三つ子サークルグリンピース主催の母親講座と父親講座が10月13日から始まる。

「双子・三つ子ママの元気が出る子育て講座」は10月13日（水）から12月14日（水）までの連続5回講座。「双子・三つ子パパの元気が出る子育て講座」は11月6日（日）。いずれも時間は午前10時~正午まで。講師は、双子の母親で、佐賀女子短大非常勤講師の中村由美子（筆者）が務める。

講座は今年で5回目。多胎児の出産・育児はリスク

今年で5回目になる「双子・三つ子」の子育て講座（昨年の母親講座の様子）

が高く、子育ての悩みが多いので、親同士が育児の不安や悩みを共有し、多胎児ならではの子育ての工夫の仕方や方法を学びあえる機会にしたいと始めた。

対象は、母親は多胎児の乳幼児を持つ親20組まで（託児あり）。父親は多胎児の親なら年齢は問わない。定員になり次第締め切る。問い合わせ、申し込みは、佐賀市健康つくり課母子保健係、電話0952（40）7282。

CHAPTER 3

ともしび

（2011年10月～2020年３月）

人とのつながり

10月19日

「人と人とをつなぐ縁は、血縁、地縁、子縁。しかし昔のように血縁関係者がたくさん近くに集まって暮らしている時代ではなくなった。地縁も昔のようにあるとは思えない。残るは子縁で、子どもたちを通して親同士がつながり、地域（地縁）がつながること。これが子育て支援で求められている」。十数年前、ある子育て支援講演でそんな話があった。しかしあれから、子育て支援活動の数は増えているが、人のつながりは逆に希薄になったと感じるのは私だけだろうか。

私は子育てサークルをやっているが、「役をさせられるからサークルに入りたくない」という声を耳にする。サークルをみんなでやっていくために役割は必要だ。大切なのは役にならなかった人が、役になった人にどう気持ちを寄せていくか。「お疲れさま」「ありがとう」「手伝うことがあったら言ってね」など、みんなの気持ちが役員を支える力で、お互いつながり合い、育ち合ってきた。

しかし今、サークルの会員になる親子は少なくなっている。これは社会組織全体の傾向だと感じる。社会が便利さとスピードを追い求め、子育て支援にもその傾向が見られる。人と人がつながらなくても生きていける社会になったのか。

多胎児の子育てサークルのある母親が言った。「子育てが大変でつらいとき、このサークルで自分に寄り添ってくれる人に出会い乗り越えられた」と。やはり人は一人では生きられないと思う。そしてつながりは、自ら一歩踏み出さないと始まらない。

父親も交流深める

11月16日

「双子・三つ子パパの元気が出る子育て講座」（双子・三つ子サークルグリンピース主催）が、11月6日、佐賀市のほほえみ館で行われた。

講師は佐賀女子短大非常勤講師中村由美子（筆者）。講座には双子の父親6人が参加。自己紹介ゲームの後、聞きたいことや悩みを紙に書き出し、双子ならではの子育てについて意見を交わし交流を深めた。

参加者は、「子どもが双子の父親という共通した立場なので、聞きたいことや悩みに共感することが多く、とても勉強になった」「先輩パパの話がとても参考になった」などの感想を話してくれた。講座

双子のパパの元気が出る子育て講座で交流する父親の皆さん

の後は、参加者の家族で食事会も楽しんだ。

昨年初めて父親講座を開催し、これから父親も交流を深めたいという声を参考に、今年4月は花見も行った。昨年に比べ、今回の講座は、さらに顔なじみの雰囲気が場を和ませ、とても有意義な講座だった。

子育て講座終わる

12月21日

連続5回講座として10月12日から、佐賀市ほほえみ館でスタートした「双子・三つ子ママの元気が出る子育て講座」（双子・三つ子サークルグリンピース主催）が、12月14日に終了した。

筆者が講師を務め、18人の参加者は自分たちで「食事」「しつけ」などの学ぶべきテーマを決め、双子ならではの子育ての悩みや、子育ての工夫の仕方について学びあい、交流を深めた。

参加者は「子育てに前向きになれた」「気持ちを分かり合える仲間ができ、双子の母でよかったと感謝です」

育児中のママたちの心に変化があった連続講座

と、以前に比べ気持ちに良い変化を感じている。

講座は今年で5回目。今年はキリン財団からの子育て助成を受け、行うことができた。講座の参加者は、ときには目に涙を浮かべることもある。お互いの苦労を共感しあい、仲間になって、育ちあっていく。これからもずっとこの講座ができることを願っている。

それぞれの価値観

1月25日

平成5年は冷夏による米不足の年だった。当時のテレビ番組で『ある主婦』のコメントを耳にした。「こんなときだからこそ、子どもたちに食べ物の大切さを教えることができます。いろいろ工夫して毎日感謝して食事をしています。毎日当たり前に食べていた日本のお米。来年はたくさんとれますように」。外国産の米はおいしくないなどの文句ばかり聞いていた私は、そのコメントにとても感動したのを覚えている。

私は時々、価値観ゲームをすることがある。それは一つの質問に「そう思う」と「思わない」の位置に距離を置き、自分が思う位置に立ってもらう。中間地点に立ってもいいのだが、それをすると一目で自分と他者の価値観の違いがわかる。

当然反対の位置に立っている人もいる。理由を聞くと双方ともなるほどと思う理由がある。「違う考えもあるんだ」「参考にしたい」と感想が出る。もし自分の考えが極端にズレているとしたら、そのズレを修正しようとするようだ。

子育てサークル活動などでいろいろな人に出会う。同じ出来事でも感じ方はさまざまで、それはそれぞれが生きてきた中でできた価値観の違いだと思うが、人の中でお互いの考えを聞き、受け入れながら、みんなでどうしたらいいかを考えることで、狭かった考えが広がり、柔軟に変わる人を何人も見てきた。もちろん自分自身もそうだった。最初に書いた『ある主婦』のように前向きに考えることができたら、とても幸せが多いだろうと思う。

何か意味がある

2月22日

乙武洋匡さんの講演会が12日、吉野ケ里町であった。演題は「チャレンジ精神を忘れずに～一歩踏み出す勇気を持とう～」。先天性四肢切断という障害を持って生まれながら「障害は不便だが不幸ではない」の名言どおり、持ち前の好奇心とあふれるほどのバイタリティーで幅広い分野で活躍中、と紹介してあるそのままの人だった。

乙武さんの話の中で、深く共感したところがあった。それは、彼が「なぜ自分には手足がないのだろう。すごい確率でこのような姿で生まれた自分に、何か意味があるのではないか。もしそうなら、自分が生きていく中で感じたことをたくさんの人に伝えていきたい」という言葉だった。

私は双子の母親で、子育てに疲れ果てた時期がある。双子の1人は右足首が内反足で、おまけに2人とも生まれつき免疫が少なく病気ばかり。夜泣きが続き眠れない日々。疲れきって、ふっと思ったのが「なぜ私はこんなに苦しいのだろう。もしかしたら、なにか意味があるのかもしれない」だった。それからの私は、苦しい気持ちも、うれしい気持ちも客観的に見るようになった。苦しみの渦の中に入ってしまわずに、冷静に自分を見ることができた。

今、私はそんな体験から子育てサークル活動をしており、体験を話す機会もある。そして、あのころの自分はやっぱり必要だったんだと思う。乙武さんに比べれば大変おこがましいことだと思うが、今「苦しい」と思っている人に、どうか希望を捨てずに踏ん張ってほしい。

子の成長の節目

3月21日

「双子・三つ子サークルグリンピース」のお誕生会で、私がいつも言う言葉。それは「1歳、2歳、3歳…と、子どもたちの成長の節目に、それまでの自分を振り返りながら、頑張った自分のことをしっかりほめてあげてください」というものだ。

子どもを生んだからすぐに立派な母親になれるわけではない。母親も子どもと一緒に成長していくのだと思う。ましてや多胎児の子育ては大変だ。私自身が双子の母親なので、私自身が自分をほめて認めて、1年1年踏ん張ってきたから、なおさらそう思う。

多胎児サークルの仲間はみんな本当によく頑張っていると思う。それぞれの苦労や喜びはみんなで共感することはできる。でも一番わかっているのは自分。だから、自分が自分のことをほめてあげないとかわいそうだというのが私の持論だ。

ある母親が「自分をほめると心が温かくなって元気がわいてきました。これからも子育てを頑張ろうと思いました」と言ってくれた。中には感極まってこれまでを振り返る仲間もいる。それぞれの思いを感じ、それがみんなの力になるような気さえする。

そういう私の双子の子どもたちは、4月に20歳の誕生日を迎える。「20歳といえば成人ではないか!」と驚いてしまう。「本当にいろいろなことがあったな〜」と振り返り、それなりにではあるが、母親20歳になった自分をしっかりほめてあげたいと思う。

仙台からのメール

4月18日

3月11日、あの東日本大震災から1年がたった。1年前のその日、テレビに流れる津波の、まるで映画でも見ているかのような映像にくぎ付けになった。その映像は仙台といっていた。

その数カ月前、多胎児サークル「グリンピース」のある会員が転勤で仙台に引っ越ししていた。なすすべもなく、とりあえず無事を知らせてほしいとメールした。

それから数カ月がたって彼女からメールが来た。いろいろ大変な出来事がつづられ、そのメールの最後に「今まで当たり前だと思っていた生活がどんなにありがたいことだったか。水も食料も調達するのはとても大変。ましてや1歳の双子を連れている私。でもそんな私に周りの人たちは本当に親切です。いつかこのご恩を恩送りできればと思います。子どもたちにもしっかりと伝えたい」という内容のことが書いてあった。

そしてこのごろ、近況を知らせるメールをもらった。「自分自身が一番変わったと思うのはご近所付き合い。自分が双子のママでよかった。すぐに覚えてもらえて子どもたちもかわいがってもらって。逆に、たばこ屋のおばあちゃんが何日もお店を閉めていたら心配になります。でもこんな社会が理想なんだと思います。震災で学んだことも大きいです。人間は一人では生きていけないですから」

当事者ではない私は、彼女の経験からの学びにただただ感動した。経験からの学びはこんなにも人を強く優しく成長させる。彼女との出会いに感謝した出来事だった。

佐賀新聞 2012年（平成24年）3月11日（日曜日）

津波に襲われた街

市街地 着実に

復興へ一歩一歩

定点撮影

被災地はいま

スーパー再開

主待つランドセル

湾に養殖いかだ

「震災から１年」を伝える佐賀新聞
（2012年３月11日付）

春の交流会

5月16日

先月15日、佐賀市の神野公園で、双子・三つ子サークル「グリンピース」の春の交流会があった。

この交流会は3年前、グリンピースの父親講座に参加した2人の父親が中心となり、「また父親の交流をしたい」と昨年初めて花見を企画したのがきっかけ。今年は私たちの予想をはるかに上回る総勢74人（父親10人）が参加し交流を深めた。

日ごろ、父親が子育ての具体的な話をする機会は少ない。あったとしても打ち解けて話せるまでには時間がかかるもの。しかし、そこは双子の父親という共通点がある。ほどよいお酒も手伝って、それぞれの父親奮闘の話に花が咲いた。初めて参加したある父親は「こんなに楽しい時間が過ごせるとは。先輩の話はとても参考になった。また参加します」と笑顔だった。

お弁当を広げて花見を楽しむ父親たち

「チカラット」制度

6月13日

佐賀市の市民活動応援制度「チカラット」の投票が始まった。案内の冊子が市内全戸に配布され、投票期間は7月2日まで。

全部で46団体が申請している。

この制度は、市民活動団体の活動基盤を強化するとともに、市民のまちづくりへの参画と実践をすすめることが狙い。市民活動による公益的事業に対し、支援補助金が交付される。

双子・三つ子サークル「グリンピース」の講座も団体番号62番で登録されている。多胎児の出産・育児のリスクは非常に高く、多胎児の親が子育ての悩みや方法を学び合いながら、前向きに子育てをしていけるような講座を企画している。

投票を呼びかけていると、この冊子に気づいていない人も多かった。みなさんの投票で市民活動を支援してほしい。

市民の投票を呼び掛ける「チカラット」のチラシ

子育て公開講座

7月11日

佐賀女子短大子育てコミュニティカレッジが毎年開催している子育て支援者対象の公開講座が6月30日、佐賀市のメートプラザ佐賀で行われた。講師は、NHK「すくすく子育て」のコメンテーター大豆生田啓友先生（玉川大学准教授）。演題は「支え合い・育ち合いの子育て支援」で、会場には幼稚園・保育園の関係者や子育て支援者、保護者ら約300人が訪れた。

講演では、大豆生田先生が体験談や現場の事例を交えながら「受容、共感、傾聴が保護者支援の基本。保護者支援は便利なサービスではなく、園（支援者）と親が手を取り合って子どもを育てていくこと」と分かりやすく話された。参加者の中には涙を浮かべながら聞き入る姿も見られた。

佐賀女子短大子育てコミュニティカレッジは、全国でも先駆的な子育て支援者の育成を目指し、研修や地域啓発事業に努めている。

大豆生田啓友先生を招いた特別講演会。約300人が熱心に聴講した

心無い言葉

8月8日

佐賀市の市民活動応援制度「チカラット」の投票期間中、申請した団体が投票を呼びかけるためのパネル展示があった。

多胎児対象の子育て講座を申請している「双子・三つ子サークルグリンピース」のスタッフが、投票を呼びかけていた時、こう言われた。「双子・三つ子のサークル？　不妊治療の集まりね？　みんな誘発剤を飲んだとやろう？」

スタッフはこの心無い言葉に悲しい気持ちをのみ込んだ。私自身、双子の母親で、多胎児の子育ての大変さだけでなく、このような社会的偏見に傷ついた経験もあり、「グリンピース」を立ち上げ、励まし合える多胎児の親の仲間作りを支えてきた。

みんな前向きに子育てしようと頑張っている母親たち。そのほとんどが、このような心無い言葉に傷ついたことがあるのだ。国や行政は不妊治療を支援するようになった。多胎児の出生率はそれ以前に比べると高くなったのは確かだ。しかし、多胎児の子育て支援は十分になされていないのが現状だ。

また、不妊治療をしなくても多胎児を授かることもあるのだが、「不妊治療＝多胎児」と思っている人がほとんどで、その心無い言葉の根底には「子どもを産めない女性への理解のなさ」を感じ、非常に腹立たしい気持ちになる。
不妊治療をしてもしなくても、産まれてきた命は、みな同じようにかけがえのないものである。国や行政はもっと多胎児の育児支援に力を入れてほしい。

多胎児子育て講座

9月5日

佐賀市子育て応援制度「チカラット」支援対象事業「双子・三つ子の元気がでる子育て講座」（双子・三つ子サークル「グリンピース」主催）が、10月9日から12月11日までの間に開かれる。母親対象の5回連続講座で、11月4日には父親対象の講座も行われる。

多胎児の出産・子育ては大変リスクが高く、育児不安や悩みも多い。講座はそんな多胎児ならではの子育ての悩みを共有し、工夫などを学び合うおうと続けている。

申込期間は、母親講座が9月18～28日で、父親講座は10月25日まで。講師は筆者・中村が務め、託児もある。参加者は20人程度で締め切る。申し込み、問い合わせは

講座では子育ての悩みを共有し、工夫などを学び合う（昨年の母親講座から）

佐賀市健康づくり課、電話0952（40）7282へ。

子育てサポーター養成講座開講

10月3日

佐賀市の佐賀女子短期大学で1日、「エンシニア子育てサポーター養成講座」（同短大子育てコミュニティカレッジ主催）の開講式が行われた。

この講座は、同カレッジが独自に開発した養成プログラム「実習」「講義」「実践」により、シニア世代の豊かで貴重な経験・知識を生かしてもらい、地域で活躍できる子育て・孫育てサポーターを養成するもの。講座終了後は、「スマイルの会」に登録し、地域のさまざまな子育て支援現場での活動に生かしていく。

開講式では、同カレッジの吉牟田美代子代表の講話があり、「サポーターという仕事を楽しみながら、親子を見守り、寄り添い支えて。子育て支援という仕事は尊い仕事です」と受講者を激励した。その後、

エンシニア子育てサポーター養成講座の開講式

これから始まる約5カ月間の講座の説明を受け、来週から始まるさまざまな子育て支援の現場実習に向け、期待に胸を躍らせていた。

先輩ママの指導

10月31日

先月、久しぶりに「若楠にこにこ赤ちゃんサークル」に行った。サークルのお世話をしている先輩ママが笑顔で親子を出迎え、若いママたちが赤ちゃんとゆっくりとおしゃべりしている。サークルを立ち上げてから11年たつが、昔と変わらない温かい雰囲気に私自身も癒やされた。

初めて参加したママが「うちの子はすごくちょろちょろしてて。大丈夫ですか？」とつぶやいた。赤ちゃんの様子を一緒に見ながら「大丈夫だよ。今の時期はこうやっていろんなものに興味をもつのが当たり前だよ」と話すと、「そうなんですね」と笑顔だった。

世の中はスピードや便利さを追い求め、手軽にネットで会話ができる時代だが、顔を合わせてほほ笑みかけ、

赤ちゃんサークルで交流する参加者。温かい雰囲気に癒やされる

話を聞いてうなずき合うと、気持ちが伝わっていることを感じる…。そんな触れ合いの場にいくと、やっぱり私は人が好きだと思う。

父親の笑顔

11月28日

「双子・三つ子パパの元気が出る子育て講座」（双子・三つ子サークルグリンピース主催）が、11月4日、佐賀市のほほえみ館で行われた。

講座には、双子の父親8人が参加。自己紹介ゲームの後、聞きたいことや悩みを出し合い、双子ならではの子育てについて意見を交わし交流を深めた。

初めて参加した父親は「妻の勧めで半信半疑で参加したが、すごく楽しくて、とてもためになった。あっという間でもっと話を聞きたかった」と笑顔。講座の後は参加者の家族の食事会もあり、楽しい有意義な時間を過ごした。

前回の「ともしび」では、新聞社から「先輩ママの指導」という見出しをつけられていたが、子育て支援は「受

講座では、双子ならではの子育てについて意見を交わし交流を深めた

容・共感・見守り・寄り添いがあっての指（し）導（く）」が大切だと思う。感想を語った父親の笑顔で、なおそう感じた。

今後も母親だけでなく、このような父親の交流も続けていきたい。

初めて日曜日に開催

12月26日

「働く双子・三つ子ママの元気が出る子育て講座」（双子・三つ子サークル「グリンピース」主催）が、1月20日の日曜日、午前10時から佐賀市のほほえみ館で行われる。

グリンピースの主催講座はことし、佐賀市の市民活動応援制度「チカラット」の支援金で開催しており、多胎児の父親講座（11月4日）と「双子・三つ子ママの元気が出る子育て講座」（5回連続、12月11日まで）は終了した。

これらの講座の申し込みの際、多胎児で就労している母親たちから「講座を受けたいが、平日では受けら

双子・三つ子の母親講座で話に耳を傾ける参加者

れない」という声があり、今回初めて就労している多胎児の母親20人程度を対象とした講座を日曜日に開催する。

申し込みは1月10日まで。参加費200円。託児は就学前の子ども20人まで。申し込み、問い合わせは佐賀市健康づくり課、電話0952（40）7282へ。

働く多胎児ママ講座

1月30日

「働く双子・三つ子ママの元気が出る子育て講座」（双子・三つ子サークルグリンピース主催）が1月20日、佐賀市のほほえみ館であった。平日の講座では、働いている母親の参加が難しいことから、今回初めて日曜日に開催した。参加者は仕事と家事の両立、双子の子育ての悩みや工夫などを出し合い、お互いの話に共感しながら学び合い、交流を深めた。

ある参加者は「仕事に子育てにと大変だけど、話を聞いて共感してもらい気が楽になった。仕事をすることに多少の罪悪感があったが、自分らしく子育てして

参加者は仕事と家事の両立、子育ての悩みや工夫などを出し合い、交流を深めた

いきたい」と前向きに語った。

多胎児の子育て講座を6年間続けてきたが、毎年たくさんの親たちが救われてきたと思う。市民のボランティア活動で講座を続けることは大変だが、最後の講座も大変有意義だった。これからも、たくさんの多胎児の親子が交流できるように、サークル「グリンピース」の活動をみんなで力を合わせ続けていきたい。

心を育てる

2月27日

子育て支援者対象の講演会（佐賀女子短大子育てコミュニティカレッジ主催）が9日、同短大で行われた。講師は西南女学院大学短期大学部の原孝成教授。「子ども（こころ）を育てる～感情リテラシーの発達～」と題して話された。

原教授は、現代社会に生きる子どもの社会的能力の変化について、「コミュニケーションの欠如、学級崩壊・いじめ・不登校などの人間関係に関わるような問題が増えている。大切なことは、感情を抑えつけたり、

「子ども（こころ）を育てる」と題して話す原孝成教授

なくしたりすることではなく、感情についてきちんと理解して上手に表現すること。そのための練習の時期が幼児期から児童期で、その時期の人間関係のなかで育っていく」と話された。

佐賀女子短大子育てコミュニティカレッジは、全国でも先駆的な子育て支援者の育成を目指し、研修や地域啓発事業に努めており、会場には幼稚園・保育園の関係者や子育て支援者、保護者、学生ら200人以上が訪れた。

これからの親たちへ

3月27日

先日、子育てや家庭教育などを考える場に参加した。その中で、コミュニケーションがうまく取れない子どもが増えていることを心配する話に考えさせられた。コミュニケーション能力の欠如といえば、ゲームやテレビなどの影響を考えることが多い。

しかし、このときは生まれたばかりの赤ちゃんの話になった。人間と動物の大きな違いはアイコンタクトを取ること。授乳のときに赤ちゃんは母親の目を見て、母親は赤ちゃんの目を見る。それがコミュニケーションの始まりなのだが、それをしない親が多くなったように感じるという話であった。

それを聞いたとき、私は、以前目にした子育て中の母親のつぶやきと思われるコメントに、「授乳しているときはメールができる時間…」とあったのを思い出した。

私はこの母親はアイコンタクトの大切さを知らないのではないか、もし知っていたら、そんなもったいない時間の過ごし方はしないと思ったのを覚えている。

人は子どもができたからといって、すぐに親になれるわけではない。経験があることはやれるが、見たことも聞いたこともなければできないだろう。今のご時世、若者は勉強や部活や遊びといろいろ大忙しで、親になるための経験はほとんどないのではないだろうか。

子育て支援の参加者から「子育ての話をもっと早く聞きたかった。今からでも間にあうかな?」という言葉をよく聞く。今知ることは、ずっと知らないよりいいに決まっている。子どもを授かる前の若者たちが、子育てについて話を聞き、経験できる機会があれば、なおいいだろうと思う。

多胎児親子交流会

4月24日

双子・三つ子家族のサークル「グリンピース」は14日、春の交流会を佐賀市の夢咲公園で開き、65人の親子が交流を深めた。

きっかけは、5年前に初めて開催した「多胎児の父親の子育て講座」。参加した2人の父親が「もっと多胎児の親の交流を深めたい」と花見を企画。年々参加者が増えて、昨年から花が散った後の公園で交流会をするようになった。

父親たちは子どもと遊んだり、双子をもつ父親ならではの子育て話に大いに盛り上がった。母親たちは大きくなった子どもの姿を見ながら、思い出話や近況報告に花が咲いた。子どもが小さいころにサークルで励まされ、子育てを踏ん張った数年前が懐かしい様子。

サークルには赤ちゃんのころから子どもたちを知っている仲間がいて、それがどんなに心強いことかとあらためて感じた。

家族で親睦を深めた春の交流会

若楠にこにこ子育てサークル

5月22日

若楠公民館の「若楠にこにこ子育てサークル」が、今年度から新しく生まれ変わった。活動を始めて14年目。立ち上げた頃とは子育て事情が大きく変わってきた。子育て支援を行う場所が増え、少子化や働く母親が増えたこと、子どもの就園する時期が早くなったなどで参加者が減ったことから、「赤ちゃん」と「子ども」対象の二つのサークルを一つにした。また、子どもが遊びのコーナーで遊ぶのをみんなで見守りながら、親同士や先輩ママと、子育ての話がたくさんできるように内容も見直した。

サークル代表の樅木康子さんは、自分自身の体験から「子育てに悩みや不安があっても、ここにきたら誰かに会えて、子どもの育ちを一緒に喜び合う関係を作り、ゆっくり子育てする居場所になればと思います。私自身が先輩ママに見守ってもらった温かい気持ちを持ち続けて活動していきたい」とリニューアルへの思いを語った。また今年は佐賀市チカラットの支援金を申請して、母親対象の子育て講座を開催する予定だ。

親同士や先輩ママとの交流を続ける「若楠にこにこ子育てサークル」

今や子育て支援は花盛り。しかし内容はさまざまで、子どもの最善の利益を考えたとき、本当にこれでいいのかと疑問を感じることもある。人と人とがつながりあい育ち合えるような、地域の子育てサークルの活動を、みんなで支援してほしいと思う。

佐賀市子育てサークル連絡会総会

6月19日

佐賀市子育てサークル連絡会（事務局＝佐賀市ゆめ・ぽけっと）の第14回総会が5月末に開かれた。公民館などで活動している26サークルの代表者のほか、市保育幼稚園課や市地域子育て支援センターの担当者らが参加。子育て支援について考える機会になった。

連絡会の金子美穂代表は「いまは地域の活動拠点として『ゆめ・ぽけっと』があり、有意義な活動になっている。これからも行政と市民が一緒に子育て支援を考えていくことが大切」とあいさつした。

参加者からは「自主サークルの活動やネットワークの素晴らしさに感動した」「これからのサークル活動への活力になった」との声が聞かれ、よい刺激になったようだ。

佐賀市は、全国的にみても素晴らしい子育てネットワークをつくっている。中央の拠点と地域

総会では行政と市民が一体となった子育て支援の大切さを確認した

をつなぐ「自助・共助・公助」の支援が14年も続いており、ますますの連携を期待したい。

いのちの講演会

7月17日

第19回いのちの講演会（佐賀いのちを大切にする会主催）が6日、アバンセで行われた。講師は、草場一壽氏（陶彩画家・絵本作家・映画監督）と、副田ひろみ氏（フリーアナウンサー・朗読講師）。講演の中で草場氏は「ものを見る目を『いのち』にシフトする時、世界は変わります」と語り、副田氏による絵本「いのちのまつり」の朗読があった。

その後の「いのちのまつり　地球が教室」（草場監督）を上映しながらの2人の話に、会場は引き込まれていった。話の中で「ただいのちがつながってきただけではなく、いのちをいとおしい、守りたいという気持ちがつながってきた」という言葉や「楽に生きること。自分自身が光り輝き幸せでいることを大切に生きて」という言葉がとても印象に残っている。

壇上で話す草場一壽氏と副田ひろみ氏

昨今、いじめによる自殺のニュースが後を絶たず、とても悲しい気持ちになる。草場氏が語るように、どんな命もずっとたくさんのご先祖さまからつながっている、かけがえのない命。隣にいる人ともつながっている命。そしてこれから未来にもつながっていく命。そう思うと、お互いを大切に思えないだろうか。大人は子どもたちにこのことをしっかり伝えなければと強く思った。

学生企画の「夏祭り」

8月14日

佐賀女子短期大学の「子育て支援」を学ぶ2年生が7月21日、双子・三つ子サークル「グリンピース」の夏祭りを開き、お面つりや的あて、うちわ、ヨーヨーの手作りコーナーなどを準備した。

当日は、グリンピースの親子20組が参加。赤ちゃんから小学生までの子どもたち50人は、学生と一緒に作ったり遊んだり、小さい子と触れ合ったりして楽しい時間を過ごした。参加者は「双子を連れて外出は大変で、このようなイベントは初めて。思い切って来てよかった。今

親子で楽しんだグリンピースの夏祭り

日は親子で楽しむことができました」「学生さんは、子どもはもちろん、母親の私にも話しかけてくれ、とても安心して過ごせました」と、双子の親ならではの喜びの感想も聞かれた。

佐賀女短は、現場に求められる子育て支援の役割から、子育てサポート基礎資格（本学認定）をいち早く取り入れ、子育て支援ができる保育者育成に取り組んでいる。

思いを共有し前向きに

9月11日

若楠にこにこ子育てサークルは10月3日から11月21日まで、「元気が出る子育て講座」（5回の連続講座）を佐賀市の若楠公民館で開く。この講座は、平成25年度佐賀市市民活動応援制度「チカラット」を活用して行われることになった。

この制度は、市民活動団体が行う公益的な事業の中から、市民が応援したいと思う事業を選んで市へ投票し、投票数に応じて事業を実施する市民活動団体へ支援金を交付する制度だ。市民活動の活性化や、市民の関心を高め、市民活動を通した「まちづくり」活動へ

の参画を進めることを目的としている。本年度は38団体が対象となった。まずはイベントに参加することも参画の第一歩！　ぜひ市民活動を楽しんでみてはと思う。

さて、「元気が出る子育て講座」は、佐賀市在住の就園前の親子が対象で20組を募集している。託児あり。参加費は毎回１００円で、申し込みは20日締め切り。参加者が交流し、思いを共有し合い、子育ての工夫や方法を学び合うことで、前向きな気持ちで子育てに取り組んでほしいと企画された。申し込み・問い合わせは同サークル代表の樅木《もみき》さん、メール、ｗａｋａｋｕｓｕｎｉｋｏｎｉｋｏ＠ｇｍａｉｌ．ｃｏｍまで。

生活は政治、政治は生活

10月9日

1日にメートプラザで行われた「佐賀市長選挙公開討論会～24万県都・佐賀市の明日を語る～」に行ってきた。市長選に立候補を表明している４人の話を聞こうと、会場にはたくさんの人が集まって、立ち見の人もいるほど。４人はこれからの佐賀市政への熱い思いを語った。

私はこのような討論会には初めて参加した。正直、政治は難しいというイメージがあるし、どうせ誰が（どこの政党が）なってもあまり変わらないのでは？という思いが増して政治への関心は薄れていた。でもこれだけ一生懸命生活しても、政治が変わらなければなんにも変わらない。では政治を変えるにはどうしたらいいか。それは自分の1票を誰かに投票するかしかないのだと、このあたりまえのことに今更ながら強く思う。

自分や子どもたち、家族、仲間、大切な人が住む佐賀市の選挙が始まる。だから今回はこの討論会に行って、4人の市長候補の話を絶対聞きたいと思った。行ってみると、今までこういう場は敷居が高く感じていたのだがそうでもなかった。それよりもこれからの具体的な市政への話にわくわくした。

今までも自分なりにいろいろ考えて投票してきたが、毎回報じられる投票率の悪さは、私以上に政治に無関心な人が多いということだと思う。でも無関心は何も生まない。ある人から言われた「生活は政治、政治は生活だよ」という言葉を選挙の度に思い出す。佐賀市の選挙、20日の投票には願いをこめて1票を投じたい!

ばぶばぶフェスタ

11月6日

「ばぶばぶフェスタ2013」(佐賀新聞社主催)が10月27日、佐賀市のアバンセで開催された。佐賀女子短大子育てコミュニティカレッジでは、こども保育コースの子育て支援を学ぶ1年生約50人が、326さんとぬりえのコラボ企画や、バルーンスライム、新聞プール、魚釣りなど、親子が楽しめる遊び場を作った。遊びに来たある母親は、「なかなか家ではできない遊びができて、とても楽しかった」と笑顔だった。

　ある学生が、新聞記者のインタビューで「子どもたちは自分が思いもつかなかったことをして遊ぶんです。例えばスライムを触って膨らませて遊ぶことしか考えてなかったのに、色を混ぜてすてきな色を作り出したりして、本当に子どもってすごいと思います」と目を輝かせながら答えた。またこのような子育て支援のイベントについて、「家に閉じこもらずに、親子で出掛けて楽しんでもらえたらうれしいです。これをきっかけに外に出ていろいろな人とつながってほしいので、そのお手伝いができたら」と答えていた。子育て支援の理論だけでなく、現場の声や、実践を通して気づいてくれたのだろうと思う。

　今、保育者養成に子育て支援を学ぶ時代だ。若い学生にはなかなかすぐには理解できないことも多いだろうが、子どもの育ちを親とともに喜ぶことができる保育者に育ってほしいと思う。私も頑張ろう！

ちぎった新聞紙のプールの中ではしゃぐ子どもたち

ママ同士で教え合い

12月4日

10月3日から始まった連続5回の「元気がでるにこにこ子育て講座」（若楠にこにこ子育てサークル主催）が11月21日に終了した。この講座は、佐賀市市民活動応援制度「チカラット」の支援金を受け、就園前の子どもを持つ母親21人が参加。悩みを出しあい、教えあったり、一緒に考えたりしながら学びあった。講座では、実践し解決に向かった報告も聞かれ、自分のことのように喜びあう姿が見られた。参加者は「悩んでいるのは自分だけじゃないことがわかって気楽になった」「講師から参加者への一方通行の講座でなく、参加者同士がつながれてすごくよかった」と笑顔で感想を語った。同サークルの樅木《もみき》康子代表は「子育て仲間がいることの喜びを感じてくれたことに感激した。講座をやってよかった」と目を潤ませていた。

支援をしてもらうことが当たり前になった今日だが、参加者が企画運営した「にこにこサークル」の先輩ママたちに、感謝の気持ちを言葉にしてくれたこともすごく

母親21人が参加し、交流した「にこにこ子育て講座」

うれしかった。講座が終わっても、これからもサークルで交流を深めてほしいと願っている。

学び続ける大切さ実感　1月8日

「地域子育て支援者研修事業（東部地区）」（佐賀女子短期大学子育てコミュニティカレッジ、鳥栖市主催）が昨年12月8日、鳥栖市民文化会館で行われた。地域の子育て支援拠点間のネットワーク作りと担い手の育成、活動の指標「ガイドライン」の周知につとめ、日頃の活動をふり返り、見識を深め、スキルアップすることが目的。

黒木由美さん（佐賀市ゆめ・ぽけっと所長）が「ガイドライン」について具体的な現場の話からわかりやすく講演し、シンポジウムでは中村祐子さん（鳥栖いづみ園）が「センターで学んだ保育士の育ち」、御領原美代子さん（みやき町こども応援隊）が地域で子育て「こどもまつり」、石橋裕子さん（佐賀県放課後児童クラブ）が児童クラブのあり方を事例発表した。その後、参加者は10グループに分か

支援のネットワークづくりなどを話し合った研修事業

れ、それぞれのテーマで学びを深めた。参加者からは「経験や考えをたくさん聞くことができ、とても勉強になった」「これからも頑張っていく元気をもらった」などの感想が聞かれた。

子育て支援が、親子も支援者も育ち合う支援であるために、学び続けることの大切さを実感した。

絵本を通してつながり

2月5日

先月、鹿島小で活動している絵本の読み聞かせグループ「はばたきの会」の勉強会があり、私は「子育て、親育て、自分育ち」と題して講演した。

双子の子育ては大変だったが、かけがえのない時間や学びになったことや、子育ての中で読んだ絵本の紹介、ボランティア活動で気づいたことなどを話した。参加者から「母親は子どもから親にしてもらっているという言葉にハッとした」「うれしい、楽しい、大好き！なことに出合えていることを再確認できた」と感想をもらった。

絵本の読み聞かせグループ「はばたきの会」の勉強会

「はばたきの会」は22年前、当時の校長からの要望で始まった。今ではＰＴＡを卒業した母親もメンバーに残り、永田直子さんは「絵本を通して母親同士がつながり、やさしい気持ちで寄り添いあうすてきな仲間となった。これからもみんなで楽しく活動していきたい」と笑顔だった。

楽しく有意義に活動しているみなさんに出会い、私自身が幸せな気持ちと元気を頂くことができた。

サークル活動で親の力に

3月5日

2月23日、「第3回佐賀総合周産期フォーラム」（佐賀県総合周産期母子医療センター研修事業）が佐賀市文化会館で行われ、みんなで手作りした「双子・三つ子サークルグリンピース」の紹介ポスターを出展した。展示には、佐賀大医学部附属病院や佐賀病院、小児科の先生など多胎児の出産・育児のリスクを理解

「双子・三つ子サークルグリンピース」の紹介ポスター

して活動を応援してくださる先生方からのお力添えがあり、心から感謝している。

会場で、ある保健関係者から「双子ちゃんは大きくなって双子に生まれてよかったか聞くと、100%よかったと答えるそうですよ！すてきですね。双子を育てている親御さんには、自信を持って子育てしてほしい」と話しかけられ、すごくうれしかった。

多胎児を育てるのは大変なことが多いけど、子どもたちは「双子でよかった」と思ってくれるなら救われる。親が大変さを乗り越えることができるように、サークル活動が少しでも力になれればと思う。

思い出の種をまく

4月2日

春になると思い出すことがある。私が小学4年生の頃。老後を田舎で過ごすためだろうか、実家の近所に都会から生け花の先生が引っ越してきた。すてきな庭のある家を建てて、生け花教室を開かれた。

子ども心につい、学校帰りにちらっとのぞいていたある日、玄関先に出ていた先生から声をかけられた。それをきっかけに時々一緒に過ごすようになった。

筑後川の川原に散歩に行っては、菜の花や彼岸花、名前も知らない草花を摘んで花器に活けた。近くの山（今は原鶴・香山昇竜大観音がある）の道端にコスモスの種をまきながら登り、お弁当を食べた。秋には、その種から咲いたコスモスを見ながらまた山登り。天気がいい日の山頂から見える筑後川と原鶴温泉、田園風景が広がる眺めは素晴らしかった。若い頃は思い出すこともなかったが、年齢を重ねた今思い出す。私は先生に優しくかわいがってもらったのだ。他にもたくさんの方から育てられたのだといまさら感謝する。私は子どもたちの心にすてきな思い出の種をまいているだろうか?

親子40人楽しく交流

4月30日

双子・三つ子サークルグリンピースの「春の交流会」が先日行われ、40人の親子が集まり交流を深めた。子どもたちは手作りおもちゃや折り紙、新聞紙や廃材を再利用した制作などを楽しんだ。母親たちは成長した子どもたちの姿を見ながら、笑顔で近況報告や思い出話に花を咲かせていた。

その後はみんなで、桜マラソンを走ったパパ2人の慰労会をかねてランチ。お酒の力もあっておやじ同士の交流が盛り上がり、おやじの交流会を増やす話になったよ

春の交流会に集まった親子

うで楽しみだ。

グリンピースは自主活動になって10歳を迎えた。7月19日に佐賀市のメートプラザ佐賀で佐賀女子短大の学生たちと「10周年グリンピース祭り」を計画している。元会員も、まだ参加したことのない多胎児の親子も、ぜひ遊びに来てほしい。

お菓子作りコーナー初登場

5月28日

みやき町のコスモス館で17日、「こどもまつり」が行われた。会場には、竹パンや竹バームクーヘン、べっこうあめ作り、木工・ダンボール制作、いろいろな手作りコーナー、ひょっとこ踊りなどたくさんの遊び場が準備され、700人を超える親子が楽しんだ。

「こどもまつり」は今年5回目。子どもたちを真ん中に地域がつながることを願い、組織ではなく地域有志のボランティアによる実行委員会で行っている。今年は300人ものボランティアが

700人超の親子が参加し盛況だった「こどもまつり」

集まったそうだ。

今回は、こどもボランティアが企画した「お菓子作り体験コーナー」が登場したり、学童の子どもたちも参加するなど、ますます子どもたちが地域のつながりの中で育ち合う機会になったそうだ。ボランティアのみなさんの温かい笑顔と子どもたちの笑顔、子どもたちが真剣に遊ぶ姿がとても印象的だった。

10周年グリンピース祭り　6月25日

双子・三つ子サークル「グリンピース」が自主活動になって今年で10年を迎える。これを記念し「祝10周年グリンピース祭り」を、7月19日、佐賀市のメートプラザ佐賀で開く。対象は多胎児の子どもと保護者や家族。グリンピースの会員だけでなく、退会した元会員や、初参加者も大歓迎だ。

当日は、佐賀女子短大学生が段ボールハウスや新聞プール、折り紙など遊びのコーナーを設け、一緒に遊んでくれる。赤ちゃんコーナーには同短大子育てコミュニティカレッジでサポーター養成講座を受講したボランティアが待機。祭りが終わった後は、お弁当を食べながらおしゃべりする交流タイムも楽しみの一つだ。

私自身が双子の母親で、幼い多胎児を連れての外出はすごく大変だったために家に閉じこもりがちになっていたことを思い出す。この祭りには学生やサポーターがいるので、思いきって遊びに来てほしい。

多胎児支援の仲間に感謝

7月23日

双子・三つ子サークル「グリンピース」が自主活動になって10年を記念し、「10周年グリンピース祭り」を佐賀市で開いた。35組120人の親子が参加し、成長した子どもたちの姿を喜び合う姿が見られた。

佐賀女子短大で子育て支援を学ぶ学生が、赤ちゃんから小学生まで楽しめる遊びの場を設け、思いっきり遊ぶ子どもたちと笑顔でかかわっていた。

思えば14年前、佐賀市がリスクの高い多胎児支援として広場事業を始めるとき、双子の母親で子育てサークルを立ち上げリーダーをしていた私に、広場のボランティアの話があった。私自身、双子が幼い

35組120人の親子が参加した「10周年グリンピース祭り」

ころに悩み苦しんだ時期があり、偶然出会った先輩ママに励まされ踏ん張れた経験があったので、若いママたちを励ましてあげたいとお手伝いを始めた。

自主活動になって10年、よくやり続けられたと思う。グリンピースがあってよかったという仲間がいなかったらできなかった。これからも仲間と一緒に歩んで生きたい。活動を応援してくださるたくさんの方々に心から感謝している。

年齢重ね 学ぶ姿に感動

8月20日

「おむすびころりんすっとんとん」と手拍子をしながら楽しむ学生たち。佐賀女子短大子育てコミュニティカレッジの子育てサポーター養成講座を受講した有志で寸劇の活動をするみなさんに、子育て支援を学ぶ1年生の授業に来てもらったときの様子だ。

寸劇の後「子育てサポーターになってよかったことは何か」という質問に「子どもは宝、かわいくて元気をもらっている」「寄り添うことは相手を大切に思うこと。親子を見守り、少しでも喜んでもらうことが生きがい」「すてき

「おむすびころりん」を上演する子育てサポーターの皆さん

なサポーター仲間ができたことに感謝」などと話され、「いろいろなことがあるだろうけど、すべてが成長につながる。人との出会いを大切に」とエールを送ってくれた。

年齢を重ねてもなお学び続けている姿や笑顔、言葉の温かさに感動した。私にとっても人生の大先輩だ。今年もサポーター養成講座が9月29日に開講する。すてきな出会いを楽しみにしている。

実践者同士で学び合い

9月17日

「地域子育て支援者研修事業（西部地区）」が8月末、武雄市文化会館で開かれた。子育て支援に関わる保健師や栄養士、保育士などを対象に、子どもに寄り添い共感し、ケアする専門家であり、相互に高めあうために支援者ネットワークを作る必要性と、実践者自らが学ぶことの重要性を理解し合うことが目的だ。

シンポジウムでは食育アドバイザーや保育士、子育て支援者らが事例を発表。参加者は8グループに分かれ、それぞれの現場での事例を紹介しながら学びを深めた。

現場での事例を交え、活発な意見が交わされたシンポジウム

参加者からは「いろいろな人の話を聞くことで刺激になった」「連携していくことの大切さを実感した」「寄り添うことを意識して関わっていきたい」などの感想が出された。12月14日は佐賀女子短大で、東部地区の研修が行われる。

シニアの「経験知」次世代へ

10月15日

「エンシニア子育てサポーター養成講座」の開講式が佐賀市の佐賀女子短大子育てコミュニティカレッジで行われた。この講座ではシニア世代を中心に、豊かな「経験知」を子育て世代の「体験知」へとつなげるサポーターを養成する。

開講式では24人の受講生に、吉牟田美代子カレッジ代表が「よその子も、わが子と同じ愛のシャワーで!」と激励。受講生は「自分の子育てのころとは違う今の子育てについてたくさん学びたい」「孫育てに生かしたい」「退職後に社会のお役に立てれば」と意欲的で、学び直しへの期待が感じられた。

エンシニア子育てサポーター養成講座の開講式

講座はステップ（3）まであるが、ステップ（1）の「子育て支援センター」「認定こども園」「子育てサークル」の見学実習が既に始まっており、みなさんは親子に話しかけたり、赤ちゃんを抱いてサポートしたりと笑顔で関わっている。その後は理論学習、実践学習があり、2月に閉講する。

「チカラット」子育て講座

11月12日

佐賀市市民活動応援制度「チカラット」で開く連続5回講座「元気が出るにこにこ子育て講座」（若楠にこにこ子育てサークル主催）が10月9日から、佐賀市若楠公民館で開かれている。

昨年に続き2回目の企画だが、今年は昨年の評判もあって20人の定員がすぐにいっぱいになった。5回のうち、すでに3回が終わっているが、回を追うごとに参加者同士のつながりが深まり、託児の子どもたちの成長も見られる。

代表の樅木《もみき》康子さんは「ママたちが悩みを話し合って

子育ての悩みを話し合う中で、互いにヒントをもらっている子育て講座

いく中で、互いに子育てのヒントをもらい合い、元気になっていく姿に感動している」と笑顔を見せる。

講師をして思うのは、こういう親同士のつながりが子育てにはとても大切だということ。それぞれを認め合い、喜び合うことが子育てにとてもいい影響があることを強く感じる。講座は20日に終了する。

頑張りすぎず〝適当〟に

12月10日

子育てサークルや講座などで悩みを聞いていると、『～せねば』『適当』『いい加減』という言葉が浮かび、自らの体験を思い出す。子どものために「ちゃんとせねば」と一生懸命で余裕がなくイライラしてしまい、そんな日がいつまでも続くような気になってしまう。私自身がそうだったからよくわかる。

「ちゃんとせねば」「頑張らねば」とはりきり過ぎて疲れ果てていたとき、ある人から「『～ねば』は苦しいよ。できなかったら自分を責めてしまう。『～ねば』がやってきたら、『する』か『しない』かに切り替えてどちらかを選んでみて。もし『する』を選んだら、できたときはすごくうれしいいし、できなかったらできる方法を考えればいい。頑張りすぎず考え過ぎず、いい意味で『適当』と『いい加減』が大事」と言われてびっくりした。

「適当にしとけばいい」「いい加減にしなさい」など『適当』『いい加減』には何となく悪いイメージがあったが、その時、何てすてきな言葉だろうと目から鱗《うろこ》が落ちた。

今は私がそれらの言葉をかけながら、子育てに悩む人たちが少し肩の力を抜いて笑顔で子どもに向き合えるようになったらいいなと思う。

子育て支援「質を上げて」

1月21日

子育てサークルに来ている母親が「私は輝いていないのかな?」とつぶやいた。ある人から「大学まで行かせてもらい資格を取得したのに、専業主婦になって。仕事をしないことに申し訳ないと思いませんか?」と言われ、ショックを受けたと涙を浮かべて話したのだ。

平成27年度から「子ども・子育て支援新制度」が始まるが、働く女性の支援に偏っているという声をよく聞く。佐賀市子育てサークル連絡会の役員会でも、子育てをしている女性の生き方ももっと社会が認めて、そのような家庭への支援もしてほしいという意見が出た。

一方では、保育園に迎えに行くのがぎりぎりになってしまった母親が「そんなに無理して働かなくても」と保育者に言われ、仕事をしていることを責められている気持ちになったというような新聞記事も目にした。

エンゼルプラン策定から約20年、子育て支援という言葉はどこでも聞かれるようになった。佐賀県では昨年12月に衆院選、1月に知事選があったが、公約に子育て支援を挙げない人はいない。しかし、このような切実な声を聞くたびに、本当に必要な支援はなされているのだろうかと問い直してほしいと思う。もっと支援の質を上げることが求められているのではないだろうか。

「三世代交流」で実践

2月18日

佐賀女子短大子育てコミュニティカレッジで、9月から「エンシニア子育てサポーター養成講座」を開いてきた。講座は、ステップ(1)(現場見学実習)、ステップ(2)(講義)、ステップ(3)(実践)のカリキュラムで構成。その最後の実践として「三世代交流」を行った。

当日は、電車ごっこやままごと、赤ちゃん温泉などの遊びの環境を準備した。参加した親子は終始笑

遊びを通して笑顔が広がった「三世代交流」

顔で遊んでいた。受講生は「子どもたちが楽しく遊んでくれてうれしかった。こちらまで笑顔になった」と話した。講座終了後は、同カレッジの「スマイルの会」に登録し、いろいろな支援現場で学びを生かしてもらっている。また、活動での課題を取り上げ、さらに学び合う講座も実施する。子育て支援は場所だけあればいいのではなく、そこにいるスタッフ（人的環境）がとても重要だと思う。子育て支援者は親子に寄り添い見守りながら、親と一緒に子どもの育ちを喜ぶ姿勢を大切に関わってほしい。

共有型しつけのすすめ

3月18日

先月、佐賀女子短大で内田伸子十文字学園女子大特任教授の講演があった。演題は「子どもの創造的想像力を育む親の役割～子どもを伸ばす共有型しつけのすすめ～」。保育者や保護者など230人以上が話に聞き入った。

内田教授は、想像力は「生きる力」であると述べ、さまざまな研究から、強制型しつけではなく、共有型しつけによる子育てが子どもの能

「共有型しつけ」などについて話す内田伸子特任教授

力を伸ばすことをわかりやすく話された。

共有型しつけとは、子どもと楽しい経験を共有するしつけ方。子ども自身に考える余地を与えるような共感的で援助的なサポートをすることで、子ども自身が主体的に探索し、自立的・自律的に考えて行動するようになる。幼児期の遊びがいかに大切かを語られた。

終了後、あるママから「先生から遊びが大事と何回も言われたけど本当だったんですね～」と言われた。自分の力量のなさを痛感するとともに、まだ子どもが小さいママたちに、子育てで大切なことを気づいてもらえたことが何よりよかった。

父親参加のイベント定着

4月15日

双子・三つ子サークルグリンピースの「春の交流会」が12日、佐賀市の夢咲公園で65人の親子が集まり開かれた。毎年恒例になったこの会は、父親も参加できるイベントとして定着している。

この交流をきっかけに、今では父親だけの集まりが行われるようになった。久しぶりに会った子どもたちは成長していて、子どもたちの自己紹介や近況報告で盛り上

毎年恒例になり、さまざまなつながりができる春の交流会

がった。子育ての悩みは成長につれ変わってくるが、小さい頃を知っている仲間だから安心して話せるし、多胎児の先輩パパ・ママの体験談やアドバイスは参考になるようだ。長い間サークル活動をしてきて、長い経過の中でのつながりは大切だと実感する。

今回、子どもの人数も多いことからイベント保険に加入しようとしたが、交流はイベントとしてみなさないと断られた。多胎児親子が交流し、さらに深くつながり合うきっかけになればと企画してきたが、少し残念な気持ちになった。

保育者の復帰を支援

5月13日

保育者リカレント教育の講座が佐賀市の佐賀女子短大で開かれる。6月8日の開講式から来年3月2日の閉講式まで、全15回の講義や現場研修を行う。

昨今、保育現場では保育者不足が深刻な問題になっており、佐賀女子短大では、3年前から保育者のリカレント教育に取り組んできた。保育士や幼稚園教諭の資格を持ってはいるが、しばらく現場から離れて再就職を考えるとき、ブランクへの不安があったり、今日

佐賀女子短大であった三世代交流イベント

的な保育情勢について情報を得たい人も多い。そんな人がもう一度学び直し、再就職につなげるためのサポートが目的だ。受講者からは「学生時代の熱い思いがよみがえり、再就職への気持ちが高まった」などの感想が聞かれた。

もう一度、保育園・幼稚園・認定こども園で働いてみませんか？　その一歩を踏み出すためのお手伝いができればと思う。問い合わせは佐賀女子短大子育てコミュニティカレッジ、電話０９５２（２３）５１４３。

評価高いネットワーク　6月10日

佐賀市子育てサークル連絡会総会が、ゆめ・ぽけっとで開かれ、24サークルと、佐賀市保育幼稚園課、佐賀市地域子育て支援センターなど8団体が出席した。

総会は今年で16回目。発会当時、佐賀市立保育所の子育て支援センターが「ベビーカーを押して行けるところに子育てサークルをつくりたい」と旧佐賀市の公民館にサークルの種をまいた。回数を重ねるごとにサークルの数が増え、次々と地域子育て支援センターが誕生。センターには「地域の親、子の育ちを支援する」という大切な役割があることから「地域で頑張っているサークルの情報交換のためにも、せめて年に1回だけでも顔を合わせたい」と総会に案内するようになった。

この行政とセンターと子育てサークルのネットワークは全国的にも評価されている。行政とセンターと子育てサークルが共に、子育ての在り方を考える機会になればと思う。

身近な大人がサポートを

7月8日

先日アバンセで、大日向雅美氏の「みんなで子育て〜支え・支えられてお互いさま〜」と題した講演があった。中でも心に残ったのは3歳児神話の話だった。大日向氏は3歳児神話について、（1）3歳までの時期は大切…正しい。この時期に適切に豊かに愛されることで自己肯定感が育つ（2）育児は母親がすべき…間違い。母親だけでなく父親、家族、身近な大人数人に愛されることが大事（3）母親の育児と保育園で育つ子どもに発達の差はあるか…差はない（追跡調査結果）、と述べた。そして、4月から始まった子ども・子育て支援新制度について「すべての子どもに、親の生活スタイルや住む地域の違いにかかわらず、良質な発達環境を整備する。つまり子育てを身近な大人がサポートする。保育の質。働き方（ワークライフバランス）を目指したもの」と解説した。

私自身の体験でも、子育てがすべて母親に重くのしかかっていることが過度な育児不安になるのでは…と感じていた。その育児不安が、子どもの発達に合わない関わり方になってしまうのかもしれないという大日向氏の話に大いに共感。子育てサークルや講座などの機会に、保護者と一緒に考えていきたいと思った。

「子育て新制度」講演会

8月5日

先日佐賀市で、矢藤誠慈郎岡崎女子大教授の「子ども・子育て新制度の意義とこれからの課題―すべての子どもの最善の利益をめざして」と題した講演会（佐賀女子短大子育てコミュニティカレッジ主催）があった。

矢藤教授は「日本では公費の教育投資が就学前と高校卒業後は少なく、家庭の経済力に影響されるため、経済格差を助長するリスクが非常に高くなる」と指摘。格差のもとである経済資本と文化資本（絵本などの豊かな文化的な機会など）、社会関係資本（いろいろな豊かな人との出会いなど）を考えたとき、「就学前の教育・保育をきちんと受けられることは、文化資本、社会関係資本を受ける機会が保障されることになる」と説明した。

新制度の柱は、（1）幼稚園と保育所の長所を一つにした認定こども園の普及（2）子育てしやすく働きやすい社会の実現（3）子育て支援の拡充と質の向上（4）地域でも子育てをしっかり支援することの四つを挙げた。

そして「就学前の教育・保育施設がどんな保育を展開し、社会でどんな役割を果たすか、すべての子どもの最善の育ちのために保育の質をいかに高めるかがとても重要になる」と強調した。

あいさつ交わし犯罪抑止に

9月2日

また子どもの悲しい事件が起こり、大阪府寝屋川市で中学生2人が犠牲になった。こういう事件が起こるたびに、いろいろなことを考えさせられる。地域は？　家庭は？　どう子どもたちを守るのか…。でも、一番悪いのは地域でも家庭でもなく、事件をおこした犯人だ。なぜ若い命を奪わなければならなかったのか！

それにしてもこの事件も、防犯カメラで早い容疑者逮捕に結び付いた。今の社会はいつもカメラで監視されているということだ。犯罪を企てる人の抑止力となり、このような事件がなくなればいい。しかし、それも限界があるだろう。

あるテレビ番組で、夜の見回りをしているという女性の話が心に残った。彼女は「夜、おかしいと思う子どもたちがいたら声をかけて。直接声掛けができないなら、近くの交番に知らせて。無関心が一番よくない」と話していた。

もし、実際に1人でそういう場面に遭遇したら、直接声をかけるのは怖いと思うが、交番に知らせることならできるだろう。また、犯罪者の話で「元気よくあいさつができる子は狙わない」と聞いたことがある。日頃から住民同士が元気良くあいさつを交わし合う地域にしよう。まだまだきっとやれることはあるはずだ。みんなでできることをやっていこう！

がん体験者の話をわが身に

9月30日

「2015がん征圧県民のつどい」の一環で、アバンセで女優の原千晶さんが「大切にしたい自分の体」と題して講演した。

30歳で子宮頸《けい》がんを切除し、その後、子宮全摘出手術を勧められるが、出産できなくなることを受け入れきれず、経過観察を選択。やがて病院に行かなくなった結果、5年後に子宮を全摘出し、抗がん剤治療を受けた。「あの時手術しておけばよかった。せめてちゃんと病院に行けばよかったと後悔した」と語り、「がんは誰もがかかり得る病気だが、早期発見、治療で治る確率が高い。私のようにならないで」と訴えた。

どん3の森では、佐賀で初のがん征圧・患者支援チャリティーイベント「リレー・フォー・ライフ」も開かれ、がんと闘う人たちの勇気を称えて24時間歩き続けるリレーウオークや、亡くなった人を追悼するキャンドルイベントなどが行われた。

佐賀県は肝がん、子宮がんが全国1位、乳がん2位とがん死亡率の高さが目立つ。中でも、女性特有のがんは若年でも発症する確率が高く、注意が必要だ。家族のためにも健診など積極的に受けて健康管理に努めたい。

三世代交流の新モデル

10月28日

先日、佐賀市の高木団地で2回目の「きてみんしゃいカフェ」が開かれた。サークルの親子にも呼びかけがあり、行ってみると、「就労支援事業所みのり」の手作り野菜などが販売されていた。

カフェでは総菜やカレー、ケーキなどすべて100円で、「NPO法人ライフサポートはる」利用者がおもてなし。地域のお年寄りが食事やおしゃべりを楽しんでいた。親子にもみなさんが笑顔で話しかけてくれ、子どもたちは少し恥ずかしそうに母親に抱かれていた。

自治会長の後藤春一さんは「地域住民が気楽に集まり話ができる場があればと企画した。子どもたちも参加してくれてうれしい」と笑顔で話し、親子も「また来たい」と笑顔だった。

地域のお年寄りや親子が交流でき、事業所の利用者がおもてなしすることで障害者の社会参加にもつながる。三世代交流の新しいモデルだと感じた。

ママたち互いに好影響

11月25日

佐賀市の市民活動応援制度「チカラット」の支援金を受けて開かれた連続6回講座「元気が出るにこにこ子育て講座」（若楠にこにこ子育てサークル主催）が終了した。以前の受講者の評判もあって20人の定員がすぐいっぱいになった。

講座は、初回に参加者自身が2回目以降の学びたいテーマを決める。今年は「食事」「生活」「しつけ」「家族のこと」「自分のこと」で学びを深めた。参加者は互いの話に共感したり教え合ったりしながら、気持ちがつながり、子育てに前向きに取り組む意欲にもつながったようだ。

主催サークル代表の樅木《もみき》康子さんは「ママたちが互いに子育てのヒントをもらい励まし合って、元気になっていく姿に感動した」と笑顔で話した。参加者のアンケートには「みんな悩んでいて、自分だけじゃないことにホッとした」という声が多かった。

私自身もそうだったからよくわかる。それぞれを認め合い、喜び合うことができるような仲間ができたことで、子育てにいい影響があったことがとてもうれしかった。

まちづくりへ体験型学習

12月23日

佐賀市の若楠公民館で、「あすの若楠を考える会」と題した体験型学習会が3回連続で開かれた。

まちづくりに向け、まずは有意義な会議の在り方を学ぼうと、講師の古賀桃子さん（ふくおかＮＰＯセンター）に、会議をよりよくするための意見交換や、会議の手法などを教わった。地域の役員や小学校ＰＴＡ、子育てサークルなど約30人が参加した学習会では、よい会議とよくない会議についての思いを出し合ったり、会議に臨む心構えや準備、役割分担などの大切さを再確認したり、実際に三つのテーマで話し合ったりした。

参加者の感想は「意見が出しやすく、前向きで楽しかった」「若楠をよりよくしたいという思いが、人と人をつないでいるように感じられてうれしかっ

地域の役員や小学校ＰＴＡ、子育てサークルなどの約30人が参加した学習会

た」など。これをスタートラインに、本格的によりよいまちづくりを皆で考えていけるといいなと思った。

大雪に思う「当たり前」　2月3日

1月24日から25日にかけて大雪が降った。35年ぶりの大雪だったそうだ。記録的な寒波だったので、水道管の破裂などで断水になったところもあり、大変な状況が報道されていた。

私が子どもの頃は、年に1度はこんな大雪が降った記憶がある。そんな日の小学校の授業は必ず雪遊びで思いっきり遊んだ。雪合戦に雪だるま、2〜3人が入れるほどのかまくらを友だちと力を合わせて作ったときは感動した。

教室にはストーブがあり、遊んだ後の体を温めてくれた。ストーブの上には大きな鍋に湯が沸き、その中に給食の瓶牛乳を入れて温めて飲んだ。本当に楽しかった。

子どもの頃の楽しい思い出が、つらい時の心の支えになるという話を聞いたことがある。無邪気に雪遊びをしている子どもたちの姿は、子どもの頃の自分と重なり思わず笑顔になった。

このところの暖冬でまさかこんなに寒くなるとは思っておらず、寒さに対して無防備だったように思う。当たり前の生活の有り難さをあらためて実感したのはきっと私だけではないだろう。

知恵を出し合い活動

3月2日

先日、佐賀市子育てサークル連絡会の交流会が開かれた。初めに、連絡会役員でかせっこマーチ代表の小石美貴さんが、サークル活動の体験談を話した。

体験談ではサークルで仲間と出会い、一緒にやってきてよかったこと、工夫して乗り越えたことなどを熱く語った。その後、グループに分かれ、一年の活動を振り返りながら「みんなにとってサークルは?」というテーマで意見交換した。

参加者は「初めて来た人にもっと話しかけてママ友になりたい」「サークルに来てよかったと思ってもらえるような活動をしていきたい」など来年

連絡会交流会で意見交換する参加者

度の活動に向け、意欲的な気持ちになったようだ。

このような交流会は大変意義がある。これからも各サークル活動の課題を共に考える場として、皆で知恵を出し合いながら活動していきたい。

多胎支援もっと知って

3月30日

私は、佐賀市で「双子・三つ子サークルグリンピース」の代表をしている。先月、石川県立看護大学の大木秀一教授が取り組む多胎（双子や三つ子など）の研究で、石川県で開かれた研究メンバー会議に出席した。

研究メンバーは大木教授と、いしかわ多胎ネット、ぎふ多胎ネット、ひょうご多胎ネット、北海道の「ハッピーキッズ旭川支部」、静岡の「ころころピーナッツ」、それに佐賀の「グリンピース」の各代表者。会議ではそれぞれの活動の紹介や、全国多胎サークルへの質問紙調査の報告と、来年度の研究である多胎児用母子手帳の開発について意見交換した。

長年多胎サークルを運営してきたが、他県の多胎対象の活動者と顔を合わせたのは初めてで、みなさんの活動報告は大変刺激になった。同時に、県内のあらゆる支援者に、もっと多胎支援の必要性を知ってもらいたいと強く思った。

11月にこの研究メンバーが佐賀に集まる。この時に、大木教授の講演会や勉強会を企画したい。ぜひ多くの方々に多胎支援について考えていただければと思う。

熊本地震　ママたちの行動力

4月27日

14日夜に熊本で震度7の地震があり、佐賀も大きく揺れた。その後も余震が続き、16日未明にマグニチュード7・3の強い地震が発生。佐賀も震度5強で、携帯の警報が何回もなり、不安な夜を過ごした。熊本の大変な被災状況が連日報道されている。

そんな中、熊本出身のママから子育てサークルの仲間にメールが来た。「親や親戚が避難している」「食料や水、ミルク、オムツが不足しているので、少しでもいいから支援して」と書いてあった。直後の集まりでは、みんなが少しずつ持ち寄り、車いっぱいの支援物資が集まった。

「小さな子どもがいる人はどんなに大変だろう。早く地震が収まればいいのに」と、みんなが自分のこと

佐賀新聞

4月17日 日曜日

熊本 M7.3「本震」

阪神大震災と同規模

震度6続発　死者41人

9万人避難、不明者も

佐賀南部で5強

和田秀樹のベストセラー!!

自分は自分 人は人

感情的にならない本

脳を鍛える 丹田音読法

熊本地震を伝える4月17日付の佐賀新聞

のように心配していた。

「もし自分が被災していたら…」と想像を巡らし、「いまその状況にいる人に少しでも何かしてあげたい」と心から思い、すぐに行動を起こすママたちの姿を本当に頼もしく思った。

きっとこの優しい気持ちは、被災された方々だけでなく、そんなママたちの姿をそばで見ている子どもたちにも伝わっていると思う。

保育園「反対」を憂う　5月25日

子どもの頃に読んだ「わがままなきょじん」という本の話をこの頃よく思い出す。

長年留守をしていた巨人の庭は花が咲き乱れる素晴らしい庭で、子どもたちの遊び場だったが、巨人が帰ってきて子どもたちを追い出し、高い塀を張り巡らしてしまう。それから冬になり、その庭だけ厳しい冬のまま春が来なくなる。

ある日、その庭に子どもたちが入り込み遊んでいた。冬だった庭は花が咲き春になっていたが、一本の木だけ子どもが登れずに泣いていて冬のままだった。巨人は子どもを抱き上げ木に登らせてあげると、木に花が咲いた。巨人はうれしくて塀を壊した。

それからは花が咲き乱れる庭に遊びに来る子どもたちと幸せに過ごす。そして年をとり、最後は木に登れず泣いていた子どもが天使として現れ、天国に召されるという話だ。

子どもの声がうるさいなどの理由で保育園をつくることに反対があり、取りやめになるという話題があった。他にも登校する子どもたちの声、運動会などの行事なども同様な苦情があると聞く。反対する側にも事情があるのだろうが、少子高齢化の危機的な日本に、幸せな春が来るのだろうかと思うのは私だけだろうか…。

時々の心持ちに共感を

6月22日

私は子育て支援をしていることもあってか、子育ての悩みを聞く機会がある。この頃、学校に行きたくないという中学生の母親の話を聞く機会があった。

私はそういう時、傾聴・共感しながら、その母親の気持ちに寄り添い、一緒に考え、その人自身がどうするか決めることができるように心がけている。もちろんどうしようもない時は専門につなぐが、たいていはそれで母親の気持ちが落ち着き、前向きになってくれる。その母親が最後に「幼児だろうと、中学生の子どもだろうと、母親の私だろうと、自分の気持ちをわかってもらうことが大事なんですね」と笑顔で言った。すごくうれしかった。

倉橋惣三の「育ての心」にある「廊下で」が頭に浮かんだ。簡単に書くと、「泣いている子どもにいろいろ言いもし、してもやるが、ただ一つしてやらないこと、それは泣かずにはいられない心持ちへの共感」とある。そして「ありがたい先生よりも、もっと欲しいのは『うれしい先生』で、その時々の心持ちに共感してくれる先生」とある。人はそうやって人の優しさを感じて育っていくのだと思う。子育て支援は親育て支援というが、私もうれしい人になろうと、倉橋の言葉をかみしめた。

双子・三つ子の育児学ぶ

7月20日

佐賀女子短大の子育て支援の授業を受けている2年生が3日、双子・三つ子サークル「グリンピース」の夏の交流会を佐賀市のほほえみ館で開いた。

学生たちは事前に双子や三つ子の子育ての体験談を聞き、多胎の出産・育児はリスクが高いことや、「グリンピース」があったから大変な子育てを頑張れたことなどを学んだ。当日は親子25組が参加し、夏祭りをイメージした会場でお店屋さんごっこを楽しんだ。ある母親が「うちの子は落ち着きがなくて大変じゃないですか」と心配し

学生と「グリンピース」の夏の交流会

て言うと、学生は「とても元気が良くてかわいいです」と笑顔で答えた。子どもの姿を肯定的に受け止めて母親にきちんと伝える姿に成長を感じ、うれしかった。

これからも「親の気持ちに寄り添い、子どもの成長をともに喜ぶ」大切さを伝えていきたいと思った。

ぜひ勇気を出して参加を

8月17日

「双子・三つ子ママの元気が出る子育て講座」（佐賀市委託講座）が、9月27日から11月8日にかけて連続4回で開かれる。

私自身が双子の母親。双子・三つ子サークル「グリンピース」を立ち上げ、たくさんの多胎（双子や三つ子など）の家庭を見守ってきた。

多胎の妊娠・出産のリスクは非常に高く、やっと生まれても十分な体力も戻らないままに双子や三つ子の子育てが始まる。寝る時間はほとんどなく、精神的にも肉体的にも過酷な子育て状況で、ほとんどの母親はそのころの記憶がないと話す。そんな状況や大変な気持ちを分かってくれる仲間がいることが、どれだけ支えになることか。

そのような多胎家庭の子育て支援として佐賀市がこの講座を実施してくれることになった。講座は託児があり、ゆっくりと参加者同士が語り合い、学び合い、子育てや自分自身を振り返ることができる。そして少しでも前向きに安心して多胎の子育てができるようになればと願っている。

申し込み期間は9月5日から15日まで。託児は20人になり次第締め切る。なかなか出かけられなかった多胎児のママ、ぜひ勇気を出して参加してほしい。

子育てしやすい佐賀に

9月14日

先月福岡で起こった双子を含む子ども4人の殺人事件の報道に、私も双子の母親なので大変ショックを受けた。容疑者は母親。真相はまだ分からないが、なぜこんなことをしてしまったのだろうか。事件が起きる数日前に110番を2回もしていたのはSOSではなかったのか。こうなる前に何か手立てはなかったのかと思ってしまう。

事件を受け、数人の双子の母親と「自分もいつこの母親のようになってもおかしくなかった」「本当にきつくて精神的にも肉体的にもギリギリだった」と育児を振り返って話をした。当事者にとっては人ごとではないのだ。

多胎の研究者、石川県立看護大学の大木秀一教授の講演会（グリンピース主催）が、11月12日午後1時半から佐賀市のほほえみ館で開かれる。ぜひ、いろいろな立場の人に、多胎の出産・育児は高リスクで多くの困難があることを知ってほしい。そしてこれを機に、多胎家族も支援者もつながりあって、多胎の子育てがしやすい佐賀県になってほしいと願っている。

講演の後は、多胎の子育ての勉強会も開く。

育児一人で悩まないで

10月12日

「双子・三つ子ママの元気が出る子育て講座」(佐賀市委託講座)が9月27日、佐賀市のほほえみ館で始まった。参加者23人は自己紹介ゲームを楽しんだ後、聞きたいことや悩みなどを出し合い、これからの講座のテーマを話し合った。

参加者からは「みんなが同じように悩んでいることを知り、自分だけじゃなかったとホッとした」「勇気を出して来てよかった。これからの講座がとても楽しみ」との声が聞かれた。

子どもが小さいころは、子育てに追われていろいろなことを振り返る余裕がなかなかない。講座

聞きたいことや悩みを出し合う参加者

では託児に子どもを預けて、双子ならではの工夫を教え合ったり、悩みを共有し合う。子どもたちや自分のことを振り返ることができる時間はとても大切だと思う。

講座は11月8日まで計4回行われる。

仕事体験「お給料」大喜び　11月9日

「たけお子どもフェスタ2016」が10月30日、武雄市の白岩体育館で開かれた。市子育て総合支援センターが毎年事務局を担っており、今年は「はじめてのおしごと」をテーマに、ショッピングモールや病院、ガソリンスタンド、郵便局、工房などが登場した。

おしごとコーナーは大人気で、翌31日も市内の保育園・幼稚園の5歳児が、いろいろな仕事を楽しんだ。帰りには「お給料」が配られ、封筒に入った手作りのお金に大喜びだった。

吉牟田美代子センター長は「子どもたちには地域のいろいろな人と触れ合ってほしい。体験から得る

「はじめてのおしごと」をテーマにしたコーナーで遊ぶ子どもたち

感動が育ちの大切な栄養になる」と話した。

子どもたちにとって豊かな学びの場になった。生き生きと夢中になって遊ぶ子どもたちの姿に感動した2日間だった。

たくさんの仲間が集まる

12月7日

「多胎の子育てしやすい環境を目指して」と題した講演会と勉強会（双子・三つ子サークルグリンピース主催）が、11月12日に佐賀市のほほえみ館で開かれた。

講演会には支援者約100人が参加。石川県立看護大学の大木秀一教授が「多胎家庭の支援はなぜ必要か」をテーマに調査研究をもとに語った。その後、北海道で多胎育児サークルを開いている金森聖美さんが「妊娠期からのマイナートラブルや健診など一人では外出もできない。経済的にも支援が必要」と、自身の子育ての体験から具体的な支援の必要性を述べた。

勉強会には保護者ら30人が参加し、浜松で多胎児サークルを開いている高山ゆき子さんの体験談に涙する場面も。グループ討議では、子育ての悩みにお互い共感し、励まし合ったり、工夫を教えあったりしていた。

佐賀県に多胎サークルはグリンピースしかない。この講演会は多胎支援の必要性を多くの支援者に知ってほしいと開いた。その思いにたくさんの仲間が集まり、新たな方ともつながりを持つことができた。本当に感謝している。そしてこれを機にみなさんと連携しながら、子育てしやすい佐賀になるよう、これからも活動していきたいと思う。

ママの不安を解消したい　1月18日

双子・三つ子サークル「グリンピース」で、ピアサポート活動を進めるための「ピアサポーター勉強会」を13日、佐賀市のほほえみ館で開いた。助産師の先輩ママから「双子の妊娠・出産・育児について」と題した講義があった。

傾聴の講義では、自分と人が違うことを理解することや、傾聴をするときに気をつけることなどを実践を通して学んだ。妊娠・出産・育児の講義では、自分自身のことを振り返り、「いろいろなリスクがある中で、私たち本当に頑張ったね」という参加者からの言葉に、みんな大きくうなずいた。

「ピア」は仲間の意味で、仲間を支えるのがピアサポートだ。多胎（双子・三つ子など）の妊娠・出産・育児は本当に大変だが、情報がとても少ない。何も分からないまま、出産・育児をする人がほとんどで、その不安と苦労は言葉にできない。そんな不安を少しでも解消できるように、グリンピースでピアサポートの活動を始めたいと、この勉強会を開催した。

これからは佐賀病院とも連携し、多胎児妊娠期のママたちとの交流も行っていく予定。佐賀の多胎家庭が少しでも安心して子育てできるように、力になれればと思う。

娘「家族は当たり前」

2月15日

私は男女の双子（24）と娘（21）の3人の子どもがいる。小さい頃の双子の子育ては本当に大変だった。そして下の娘を授かり、家族やいろいろな人に助けてもらいながら、なんとか子育てした。

双子は小学生になり、中学生になった。男女の双子の珍しさからか、他の小学校からの友だちに冷やかされたことがあった。思春期と言われる時期も重なり、2人は外では距離を置くようになった。高校からは別々の高校に進学しそれぞれの学生生活を送った。その頃、娘はつらい体験をするが「自分のことをわかってくれる人がいるから大丈夫」とつらい時期を乗り越えた。

自分のことをわかってくれる人がいることが、あの時の娘の支えになり、乗り越える力になった。私はそれが家族でありたいと思って母親をしてきたつもりだが、後で聞くとその人は友だちだった。少しがっかりした私に気づいた娘は「家族は当たり前やん」と笑いながら言った。

そんな娘が11月に入籍した。いろいろなことを経験させてもらった。私は、少しはましな母親に育っているだろうか。でもきっと「家族は当たり前」と言ってくれた娘は、自分のことをわかってくれる男性と共に、これから当たり前の家族を築いていくだろう。どうか幸せになってほしい。

親への感謝の気持ち

3月15日

久留米市の多胎サークル「ツインズクラブ」(村井麻木代表)主催の「多胎児育児フォーラム」が12日、同市のくるめりあ六ツ門で開かれた。

私は、男女の双子と娘の子育ての経験をもとに「親になること～少しずつ、ゆっくり、あなたらしく～」と題して話した。男女の双子の思春期の話は興味深かったようで、参加者約50人はその後、年齢別のグループに分かれて子育ての話を共有し合った。とても有意義な時間となった。

司会は、村井代表の双子の娘さんで高校2年の利帆さんが堂々と務めた。そんな彼女が「初めて双子の子育ての話を聞きました。親は大変な思いをしながら私を育ててくれたことを知り、感謝の思いでいっぱいです」と涙で声を詰まらせながら語った。参加者はその言葉に感動し、また涙があふれた。

私の子どもたちも思春期の頃、双子というだけで比べられたり、珍しがられたりして、複雑な思いの時期があった。それは下の娘も同じで、双子の妹ということで複雑だったそうだ。

でも、大変な思いをしながら親が育てたことを知れば、複雑な思いを超え、感謝の気持ちで受け入れていけるのかもしれない。そういう機会を持つことの大切さに気づかせてもらった。

ピアサポート始まる

4月12日

双子・三つ子サークル「グリンピース」は、双子・三つ子の親子を対象に子育てサークル活動や会報活動を佐賀市のほほえみ館で行ってきた。本年度からは、これまでの活動に加えて支援活動「ピアサポート活動」に取り組む。

ピアは「仲間」の意味。双子・三つ子の妊娠、出産、育児は大変リスクが高く、外出も困難で孤独になりやすい。子育ては本当に大変で、慢性の寝不足も重なり、心身ともに疲れ果て追い詰められていくことも多い。また双子ならではの子育ての工夫が必要だが、情報はとても少ない。そこで先輩ママたちが不安な気持ちを共有しながら情報を交換し、交流していく。

1月から佐賀病院で、ピアサポーター養成講座を受けた仲間が双子妊婦と交流するようになった。先日は交流のマニュアルを作成し、サポーターが集まって勉強会をした。「いろいろな人に助けてもらう」「同時授乳をして少しでも体を休める時間を確保する」ことなど、双子妊婦に伝えたいことで話が尽きなかった。

5月からは鳥栖で双子の子育てサークルが始まることになった。とてもうれしい。これから各地にサークルができるよう、いろいろな支援者の方々に応援していただければと思う。

話すことが苦手だった私

5月10日

朝倉市にある原鶴温泉の町に私は生まれ育った。久しぶりに山の上の温泉の露天風呂に入った。天気もよく、山の上から見る筑後川の眺めは最高に美しかった。温《ぬる》めのお湯につかりながら、フッと幼い頃からの自分を振り返った。

私は小さい頃は赤面症で、人前で話をするのがとても苦手な子どもだった。小学4年の頃に作文で県から賞をもらった。その作文を全校生徒の前で読まなければならなくなった。真っ赤な顔を原稿用紙で隠しながら読んだ。読み終わった時に感じた満足感。全校生徒からの拍手に感動のスイッチが入ってしまった。思えばあれから私は変わった。いろいろなことに積極的になった。

それからの私。もし私が保育の仕事をしなければ…。今の夫と出会わなければ…。双子を授かり、双子の子育てで苦しまなければ…。私を励ましてくれた双子の先輩ママに会わなければ…。

私は今、双子・三つ子サークルの代表をしたり、学生に話をしたり、講演や講座で話をしたりしている。赤面症で話すのが苦手だったのに、本当におかしなものだ。いろいろな偶然が重なって今の私がいる。

以前、「偶然は必然で起きている」と聞いたとき、私はとても納得した。何が起きるかわからない偶然だが、必要だから起きる偶然だと前向きに生きたいと思う。

行政や医療とつながる

6月7日

先日、ある行政関係者と多胎（双子や三つ子）の支援について話す機会があった。多胎の妊娠・出産・育児は非常にリスクが高いので、支援の必要性をとても感じ、母親たちが自主的に集まるようなきっかけになればと「集いの場」を設けてやってみるが、なかなか参加者の自主的な集まりにまではならない。もし母親たちが集まりたいと思えば、そのための支援をしたいのだが…と言われた。

昨年、多胎研究者の第一人者の大木秀一教授（石川県立看護大学）の講演で「多胎の支援は、行政、医療など専門家と、当事者（双子・三つ子家庭）が連携することでよい支援ができる」ことを話された。私も佐賀市でグリンピースの活動をしてきて、連携の大切さを感じている。

グリンピースで今年度から支援活動を開始した。５月から鳥栖で多胎サークルの「えだまめクラブ」が活動を開始した。えだまめクラブの代表はグリンピースの家族会員で「グリンピースの姉妹サークルとして活動できればやれるかも…」と思ったそうだ。そこで鳥栖の家族会員の仲間が集まり、そこに相談できる行政関係者とつながって休止していた活動が復活した。

当事者は生活だけでもとても大変で余力がないと思うが、グリンピースの支援活動で、当事者同士のつながりと、地域行政との連携ができれば、サークルの一歩を踏み出せるかもしれない。

若いころの気持ちに戻る

7月5日

佐賀女子短期大学同窓会の50周年記念総会が6月25日、佐賀市のグランデはがくれで行われた。昭和43年から今年の卒業生まで約１８０名が出席。会場には昔の写真が展示され、楽しい余興や懐かしい先生や友だちとの再会に終始盛り上がった。

私も昭和61年卒業生。この50周年を機会に思い切って寮生活を共にした仲間に声をかけてみた。県外の友だちがほとんどで、前日から佐賀市に集まった。みんなすっかり「おばちゃん」になっていたが、会えば若いあの頃に気持ちは戻る。駅から街なか県庁前までの通りや、佐賀女子短大や佐賀大学付近をドライブした。懐かしい場所や、すっかり変わった街並みに感激したようだ。昔のことを思い出しては大笑いした。夜はおいしい食事とお酒をいただきながら近況報告に話が尽きなかった。

みんなそれぞれ頑張っている。みんなの笑顔を見ながら私もまた頑張ろうと元気をもらった。次、また会う日まで、みんな元気で！

50周年を記念した佐賀女子短大同窓会総会

心の元気も届ける

8月2日

私の実家は朝倉市杷木にある。7月5日の夕方から大雨が降り続き、大雨特別警報が出された。それから連日大変な状況が報道された。テレビで見る故郷は知っている場所のはずなのに…。幸い実家も両親も無事だったが、週末に訪れた故郷はテレビで見たような大変な状況だった。

佐賀女子短大のボランティアサークルで、この災害支援の募金活動があった。そこにいた佐賀大学の学生が「杷木の浄水場は土砂で埋まってしまい、家の中を洗い流す水がない」と話していた。そこで私の実家の井戸水をもらえるように親とつないだ。その後、母が電話で「学生さんが水をもらいに来て『お母さんありがとう！　また来ます！』といつも笑顔でいい子たちよ。学生さんが来るのが楽しみになった！」とうれしそうに話した。

２週間が過ぎ、私はまた故郷に行った。まだ土砂

豪雨災害から約１カ月の福岡県朝倉市。土砂の撤去は進むが、復旧はまだまだ

に埋もれて手つかずの場所もあり、どんなに大変だったかと胸が熱くなった。そんなとき、ある被災されたお宅からボランティアの若者が出てきた。帰り際らしく、家族と笑顔で会話をしていた。こんな大変な状況のなかで避難所生活での疲労もたまっているだろう。しかしその家族と若者たちの笑顔がとても印象的だった。

ボランティアの人は労力だけでなく、被災者に心の元気も与えていることを改めて感じ、感謝の気持ちで胸がいっぱいになった。

前向きな気持ちに

8月30日

「双子・三つ子ママの元気が出る子育て講座」（佐賀市委託講座）が、9月28日から11月7日にかけて連続5回で行われる。

私自身が双子の母親。双子・三つ子サークルグリンピースを立ち上げ、たくさんの双子・三つ子の家庭を見守ってきた。

多胎の妊娠・出産のリスクは非常に高く、乳幼児期は特に精神的にも肉体的にも過酷な子育てになる。そのような双子・三つ子の母親の子育て支援として講座を開催する。

講座には託児があり、ゆっくりと参加者同士が交流し学び合い、子育てや自分自身を振り返ることができる。これまでの参加者は「双子ならではの大変な気持ちをわかってくれる仲間がいることで、とても前向きな気持ちになれた」という。

対象者は双子・三つ子の乳幼児を持つ母親や妊娠中の方15組程度。申し込み期間は9月4日から14日まで。

遊びの大切さ説く

9月27日

21日、武雄市子育て総合支援センター開設10周年を記念して「大豆生田《おおまめうだ》啓友《ひろとも》先生特別講演会」が行われた。大豆生田氏は玉川大学・大学院教授で、NHK・Eテレの番組「すくすく子育て」に出演している。会場には行政関係者、保育者、子育て支援者、子育て中の親など幅広い参加者が集まった。

テーマは「子どもを物語る〜子どもの魅力を分かち合おう！〜」。大豆生田氏は子どもたちの保育の場面などを紹介しながら「子どもの非認知能力（意欲、自尊心、粘り強さ、コミュニケーション）を育てていくことがこれからの保育に求めら

武雄市子育て総合支援センター開設10周年を記念した大豆生田啓友先生の特別講演会

れていて、これはしっかり遊びこむことから育つ。周りの大人から『素敵だね』と認められて育つことが、自己肯定感を高める」と遊びの大切さを語った。また「子育て支援は親が笑顔になれる支援をしていくことが大切で、それが子どもの育ちにもとても大事」と述べた。

もっともっと話を聞きたかった！　今日の学びを胸に「頑張ろう！」と思った。

多胎家庭にやさしい社会に

10月25日

私は双子と次女の3人の母親で、双子・三つ子サークル「グリンピース」を立ち上げ活動している。双子を授かったことで双子の妊娠・出産・育児の大変さを体験し、長年の活動を通して、多胎（双子や三つ子）のことを知らない人が多いと感じている。例えば、自然に双子や三つ子を授かることがあることや、早産や低出生体重児で生まれる確率が高いことを知らない人が意外にも多いのだ。他にも、双子育児の大変さと極度の睡眠不足からの心身の疲労、外出困難、経済的負担などは、産後うつや虐待などに結びつく可能性が非常に高い。しかし残念なことに、まだ行政関係者の中にも双子にだけ特別にできないという人がいるのが現状だ。

12月3日午前10時半から、佐賀市ほほえみ館で「多胎支援を考える講演会」を開催する

（第8期きょうぎん未来基金助成）。講師は助産師で岐阜県立看護大学教授の服部律子氏。「多胎の妊娠・出産・育児の現状から支援を考える」と題し講演していただく。またNPO法人ぎふ多胎ネット理事長の糸井川誠子氏に、先駆的な多胎支援活動の事例を報告していただく。

両氏は「医療・行政・地域保健・保育・福祉など、地域の子育て支援に関わる人が連携することで、もう一歩踏み込んだ支援ができ救われる人が多くなる」と語る。

「多胎家庭にやさしい社会はすべての人にやさしい社会になる」。佐賀のよりよい支援のためにぜひ多くの支援者に聞いてもらいたい。

思い共有し踏ん張る力に

11月22日

9月28日から始まった「双子・三つ子ママの元気が出る子育て講座」（連続5回）が11月7日に終了した。この講座は佐賀市の多胎支援として、双子・三つ子サークルグリンピースが委託を受けている講座で、今年は妊婦4人と双子の祖母を含む21人が受講した。

1回目の講座のテーマ決めで「生活」「しつけ（1）」「しつけ（2）」「自分や家族」に決まった。それからはテーマに沿って、みんなで意見を出し合いながら、双子ならではの工夫の仕方や、不安な気持ちを共有し励まし合いながら学びを深めた。受講者からは「妊娠中の不安が軽くなった」「前向きな気持ちになれた」「双子を産んでよかった」などの感想があった。

私自身が双子の母親。多胎（双子や三つ子など）の妊娠・出産・育児は本当に大変だ。講座はいつも笑いあり、涙あり。みんな安心して話ができたのだと思う。仲間に気持ちをわかってもらうことは、大変だけど「踏ん張る力」になる。これからも多胎の家族が少しでも笑顔になれるように、みんなで力を合わせて活動していきたいと思った。

妊婦４人と双子の祖母を含む21人が受講した講座

当事者と専門の連携必要

12月20日

双子・三つ子サークルグリンピース主催の「多胎支援を考える講演会」（第8期きょうぎん未来基金助成事業）が3日、佐賀市のほほえみ館で開かれ、医療、行政、保健、子育て支援者や多胎児の親など約１００名が参加した。

助産師で岐阜県立看護大学教授の服部律子氏が「多胎の妊娠・出産・育児の現状から支援を考える」と題し講演。多胎の妊娠・出産・育児は非常にリスクが高く、その過酷な現状から支援の必要性を語った。ＮＰＯ法人ぎふ多胎ネット理事長の糸井川誠子氏の事例報告では「多胎プレパパママ教室」や「病院サポート訪問」「多胎育児教室」など、妊娠・出産・育児の切れ目がない支援メニューが紹介された。そして両氏は「当事者と専門の連携の必要性」を強調した。

　これからの佐賀の支援を考えるのにとても参考になった。これからは積極的に各地へ出向くことを考えていた。私たちでお役に立てることがあればぜひ声をかけてほしい。

約100人が参加した「多胎支援を考える講演会」

生まれてくれてありがとう

1月31日

　1月4日、娘は母になり、私はおばあちゃんになった。

　その日、娘は夫と私が立ち会う中、痛みを必死でこらえた。娘の夫は苦しむ娘の腰を一生懸命さすったり、励ましたりして一緒に頑張った。そしてようやく女の子が生まれた！

元気な産声を聞きながら、私たちは涙が止まらなかった。

娘のお産は、自分の時とは全く違う特別な思いが生じた。痛みや苦しみ、その後の喜びを知っている分、それを娘が体験するのだと思うと、その日が近づくにつれて言葉にならない気持ちが高まった。

実際のお産は、痛みや苦しみへの共感や励ましの言葉で娘を支えようと必死になり、命が生まれたときの感動は、これもまた言葉にならないものだった。

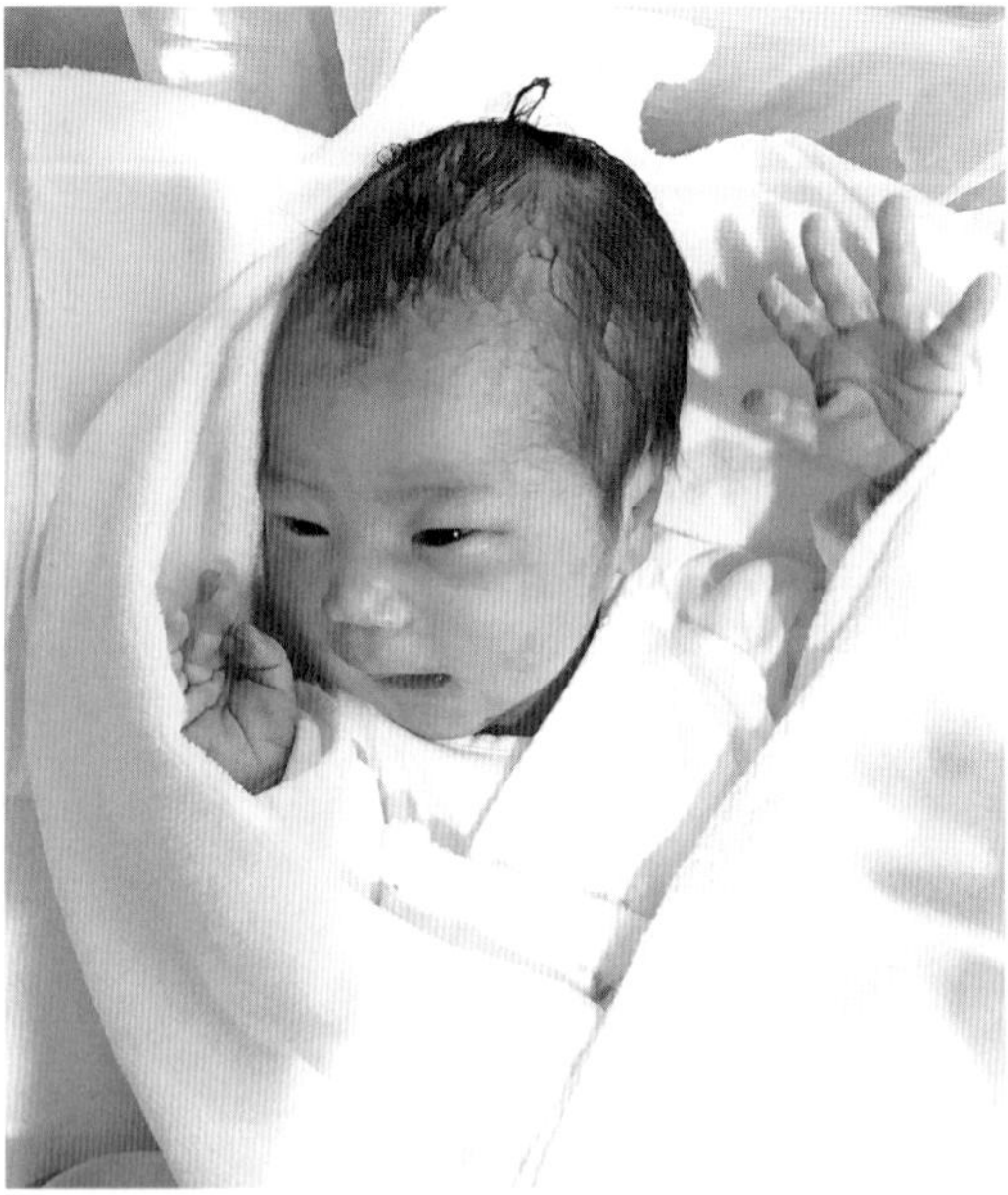
生まれたばかりの孫

今、孫と娘を世話しながら、「命の誕生とは、こんなにも祝福に満ちた奇跡の出来事だったんだ」と改めて感じている。きっと自分のお産の時も子どもたちは祝福を受けて生まれたし、たぶん自分が生まれたときもそうだったのだろう。

人はみな祝福を受けてこの世に生まれる。この命と祝福のつながりをしっかりと胸に刻み、一つ一つの命を大事に育んでいきたい。孫だけではなく、すべての命に祝福を。生まれてきてくれてありがとう！

多胎ネット発足へ

2月28日

先月、愛知県で生後11カ月の三つ子の1人が母親から虐待を受け、その後死亡したという報道があった。多胎（双子や三つ子など）支援者の間で「また起きてしまった」という残念で悲しい思いが駆け巡った。

私も双子の母親。出産後すぐの睡眠時間は1時間もない過酷な子育てだった。一方、多胎家庭に対する情報は極めて少ない。多胎児の子育て経験者が身近にいないので、子育てのモデルも、相談する人も、大変さをわかってくれる人もいない。慢性の睡眠不足で心身ともに疲れ果てた。他の多胎児の母親の多くも大変すぎて1歳までの記憶がほとんどないという。虐待するかどうかは本当に紙一重だった。虐待した、この母親は三つ子だ。きっと想像を絶する大変さだったろうと涙が止まらなかった。

現在9県に「多胎ネット」があり、県内のピア（仲間）サポーターと、医療、行政、福祉などが連携し、多胎支援のネットワークをつくっている。

双子・三つ子サークル「グリンピース」では、育児先輩ママを中心に多胎支援活動を行い、ゆくゆくは「さが多胎ネット」への移行を視野に取り組んできたが、2018年度からその発足に向けて準備していくことになった。発足は19年度の予定。このネットワークが多胎家庭だけでなく、すべての子育て家庭のためのネットワークになると信じている。

多胎サークルの広がり

3月28日

1年前、佐賀県に多胎（双子や三つ子など）の子育てサークルは、「グリンピース」（佐賀市）しかなかったが、現在、鳥栖市と伊万里市に多胎サークルができた。

鳥栖市にあるサークルは「えだまめクラブ」という。代表はグリンピースの通信会員だったこともあり、1年前に「鳥栖でもサークルができないか」と相談を受けた。そこで、8年間休止していたえだまめクラブのメンバーや、鳥栖近辺の通信会員をつないだことがきっかけで、5月に活動を再開。多胎支援活動の志を共にしている。

先日、代表とお互いの活動の話で盛り上がったとき、彼女が「サークルの仲間とは、つい1年前に会ったのに、ずっと前から一緒にいたような気がする。中村さんもそう」の言葉にすごく共感した。

同じ志を持って活動をするとき、人と人との心の距離がぐっと近くなるような感覚になる。仲間を必要とし、自分も必要とされ、お互いを思いやる。笑顔になる。元気になる。どうも幸せホルモンは人との良いコミュニケーションで増えるらしいがそれだと思う。私がサークル活動を長年やってきたのも、この感覚がたまらなく幸せで、大げさかもしれないが、生きる力にさえなっている気がするからだ。

近々、昨年9月に発足した「そらまめ」（伊万里市）を訪問する予定だ。また仲間が増える期待でワクワクしている。

優しさのバトンを次へ　4月25日

今年度の双子・三つ子サークルグリンピースで、子連れ参加のママたちにスタッフ募集を呼び掛けたところ7人が集まった。なかなかお世話役をする人がいないこのご時世に、とてもうれしかった。そこでなぜスタッフになろうと思ったかを聞いてみた。いろんな意見の中で共通していることは「自分が大変だった頃にグリンピースで救われ、少しでも恩返しをしたいと思った」ということだった。

私自身、グリンピースを立ち上げたきっかけは、とてもつらい時期に偶然出会った双子先輩ママに話を聞いてもらったことだった。その経験から、多胎（双子や三つ子など）の子育てには当事者同士の支え合いが必要だと思ったのだ。もし多胎サークルがあれば多胎ママに会える。お互い話を共有できる機会ができ、これからの多胎家族の力になるのではないかと思った。さらにうれしいのは、サークルがあることで、あの頃の私のように、次のママたちのために何かしたいと行動を起こす人が現れていることだ。

今回の意見で「自分のつらかった体験が後輩ママのお役に立ったと感じたとき、これまでのダメな自分も含めてすべて救われた気がした」という言葉に私は強く共感した。もがき苦しんだことは、ピア（仲間）サポーターとしての力になる。これからも、あの偶然出会った先輩ママにもらった「優しさのバトン」を、次のママたちに渡していきたいと思う。

「ふたご手帖」完成

5月23日

待望の「ふたご手帖《てちょう》」が完成した。「母子健康手帳」の副読本として、ふたごの妊娠・出産・育児について書かれた冊子だ。

多胎研究者である石川県立看護大学の大木秀一教授（医学博士）と、多胎育児の経験があり、支援者として長年活動してきた6人のメンバーで執筆。それぞれ保健師や助産師、教育、保育などの専門分野を持ち、筆者もその一人だ。

多胎の妊娠・出産・育児はリスクが高く、妊娠期からの切れ目のない支援が必要だ。しかし、

「ふたご手帖」（左）と「ふたご手帖記録ノート」

実際には多胎に関する情報は非常に限られている。

この手帖は、全国の多胎サークルへのアンケート調査の結果をもとに作成。手帖には双子の妊娠期から1歳までの成長と発達、育児の情報が載っており、多胎妊婦とその家族への貴重な情報源になるだろう。育児支援の効果も期待できる。

多くの関係者から多胎妊婦に配布したいという声があり、「ふたご手帖」に「ふたご手帖記録ノート」を付けて1000円で提供できる準備が整った。ぜひ多くの多胎家族の手に届きますように。問い合わせは「ふたご手帖プロジェクト」（eメールfutagotecho@gmail.com）へ。

北海道で全国フォーラム　6月20日

日本多胎支援協会（JAMBA）は、多胎の研究者、医師、保健師、助産師、当事者などが集まり、日本中、どこでも多胎児を安心して生み育てられる社会づくりを目指す多胎支援団体だ。多胎家庭の課題と支援の必要性を伝えるため、毎年各地で全国フォーラムを開催している。

本年度は6月10日に北海道旭川市で開催。テーマは「今、多胎支援が必要な理由は？～多胎家庭の現状と支援～」。

厚労省の國松弘平氏の「地域で行うこれからの児童虐待防止対策」の話の後、布施晴美氏（十文字学園女子大学教授・協会代表理事）が平成29年度厚労省子ども・子育て支援推進調査研究「多胎育児家庭の虐待リスクと家庭訪問型支援の効果等に関する調査研究」から見える現状と支援について講演した。

ふたご育児中の親へのインタビューでは、壮絶な育児を夫婦で支え合いながらやってきた話などに、会場のあちこちで涙する姿が見られた。

協力団体の「多胎育児サークルハッピーキッズ旭川支部」金森聖美代表は「北海道、旭川市の協力の下、多種の専門職に多胎育児の声を届けることができた。これからの支援に期待したい」と述べた。

さて、来年度は佐賀県で開催予定だ！　頑張るぞ〜！

当事者だけでは…

7月18日

私は多胎支援をやっており、来年度に「さが多胎ネット」を発足させるために活動している。こうしたリスク家庭への支援は多胎に限らず当事者だからこそ分かり合えることがあり、それを話し合える機会があるのはとても大事だ。しかし、当事者だけでは活動の継続が難しいことが多い。そこを支えるネットワークが必要だ。

鳥栖市近辺の多胎家庭を対象にした「えだまめクラブ」という多胎サークルがある。9日に、鳥栖市社会福祉協議会が主催、えだまめクラブが協力した「多胎児育児を知ろう」という講座では、久留米ツインズクラブの村井代表（日本多胎支援協会理事）が「多胎家庭を地域でサポート」と題し講演。その後のグループトークでは参加者が双子ならではの悩みや子育ての仕方を先輩ママに聞き交流し、有意義で温かい会となった。

えだまめクラブは昨年活動を再開。まだ定期的に借りられる場所もない中、「多胎家庭のためにできる支援を」と活動している。そんな時に社協から多胎家庭のための講座の話があり、本当にうれしかったそうだ。

11月11日は佐賀市ほほえみ館で「多胎ファミリー応援フェスタ」（第3回ばぶばぶ基金助成事業）を開催する。このフェスタでも多くの多胎家族や支援者が集まり交流してほしいと思う。

きっと有意義な講座に

8月15日

「双子・三つ子ママの元気が出る子育て講座」（佐賀市委託講座・全5回）が9月27日から始まる。

この講座を始めたのは、双子・三つ子のサークル活動の中で、ママたちがもう一歩つながりが深まらないのを感じていたからだった。双子、中には兄弟姉妹を連れての参加。本当はもっと深い話をしたいはずだがそれが十分にできない。もっとゆっくり双子ならではの子育ての仕方や悩みを話せないかと思っていた。

そんな講座をやるための手法を学び、平成19年に1回目の講座を開催。参加者は双子を託児に預け、ゆっくりと子育てや自分自身を振り返る時間ができた。悩みにも共感し合い、励まし合い、一緒に涙することもあった。

講座の前と後では気持ちに非常によい変化が見られ、講座後もサークルで交流するうちにサークル自体がとても活気づいたのだ。

講座の継続が危機的な時期もあったが、多胎支援の理解者が応援してくれたし、なによりサークルの仲間が継続に向けて気持ちを一つにしてくれた。そして今、佐賀市委託講座として継続している。

今年もきっと有意義な講座になると思う。

悲しみを繰り返さない

9月12日

虐待を受け死亡した5歳の結愛《ゆあ》ちゃん。「あしたはできるようにするから　もうおねがいゆるして」など、ノートにつづられていたという報道に多くの人が胸を痛めたと思う。

「あの悲しみを繰り返さない〜こどもの命を守り育てる地域となるために〜」と題した、佐賀女子短期大学特別公開シンポジウムが6日、佐賀県美術館ホールで開かれた。

第1部は子どもの権利を守るという熱い思いから「新しい社会的養育ビジョン」の制定・普及を目指し改定された児童福祉法の話。第2部は、今後の課題について話を深めた。佐賀女子短大の田口香津子学長が最後にまとめた「いろいろな要因が重なれば自分もそうなったかもと思うことがある。子どもの最善の利益を守る専門性と使命感、情熱を持った人のネットワーク、コミュニティーができることで救える命があるかもしれない」という言葉が強く心に残った。

私は双子の母親。子育て中に虐待しそうだと思ったことが何度もあった。多胎（双子や三つ子）家庭はそうでない家庭に比べて「虐待をしているかもしれない」と感じる親の割合は3倍も多いという。そこで行政、医療、保健、福祉などとピア（当事者）との連携が必要と思い「さが多胎ネット」発足に向け準備中だ。これは多胎家庭だけでなく、すべての家庭に必要な支援への礎になると信じている。

初めて多胎家族が大集合

10月10日

11月11日午前10時半から午後3時半まで、佐賀市ほほえみ館で「双子・三つ子サークルグリンピース」主催の「多胎ファミリー応援フェスタ」（第3回ばぶばぶ基金助成事業）が開催される。多胎（双子や三つ子など）家族が大集合するイベントは佐賀では初めてだ。

フェスタはママ・パパの子育て座談会や、先輩ママによる相談コーナー、多胎支援情報コーナー、佐賀女子短大の学生による遊びのコーナーなど親子で楽しめる。また多胎家庭の生活をテーマにした展示や妊婦体験、おんぶ抱っこ同時体験会などもあり、行政・医療・子育て支援者など多胎家族に関わる方にもぜひ来てほしい内容だ。

多胎の妊娠・出産・育児は高リスク。しかも身近に多胎児育児経験者がなく、情報がないため、誰もが不安の中で手探りで進んでいる。このイベントに集まって多胎ならではの情報を交換しよう！　ここに来れば多胎先輩ママたちに会える。みんなで待っているからね！

多胎ファミリー応援フェスタのチラシ

先輩ママを子育てモデルに

11月7日

9月27日から始まった佐賀市委託講座の「双子・三つ子ママの元気が出る子育て講座」（全5回）の4回目までが終わった。今年も双子や三つ子ならではの子育ての仕方や悩みをみんなで考え、たくさんのヒントをもらっているようだ。多胎ではない母親対象の連続講座をする機会もあるが、どの母親もこのように子どもたちを託児に預け、子育てや自分自身についてゆっくりと振り返る時間が必要だと感じる。

なんでも初めての経験は不安だ。見よう見まねでやってみて、失敗もしながら経験していくことで学んでいく。それは子育ても同じ。子どもを産んだらすぐに母親になれるわけではない。しかし昨今は、他人がどんな子育てをしているかを見たり教えてもらったりする機会がほとんどない。ましてや多胎児の子育ては身近にモデルがない。私自身が双子の母親で子育てに悩み苦しんだ時期があったからこそ、集まる場所が必要だと痛感して多胎支援活動をしてきた。

佐賀市ほほえみ館で11日、佐賀で初めての「多胎ファミリー応援フェスタ」（第3回ぶばぶ基金助成事業）を開く。多胎家族が集まる場をつくりたいと、先輩ママたちが試行錯誤しながら準備をしている。

お互いの近況喜びあう　12月5日

双子・三つ子サークルグリンピース主催の「多胎ファミリー応援フェスタ」（第3回ばぶばぶ基金助成事業）が11月11日、佐賀市ほほえみ館で開催された。多胎家族が大集合するイベントは佐賀県では初めて。当日は県外からも参加があり、多胎家族80組と一般来場者を合わせると、延べ250人ほどの参加となった。

アンケートの感想に、入院中に出会ったママに偶然再会した喜びが書いてあった。昨年から佐賀病院で月1回開催している「多胎妊婦さんと先輩ママの交流会」に参加した妊婦さん同士が双子ママとなって、この会場で再会したのだ。この場が無事出産・退院したことやお互いの近況を喜びあう場となった。

妊婦さんとの交流会は妊娠期からの不安を少しでも解消してもらえるようにと佐賀病院と連携して行っているが、交流会やこのイベントを開催して本当によかったと思う出来事の一つだった。

私たちは来年「さが多胎ネット」の発足を予定している。多胎妊娠期から子育ての過酷な時期を支援するためには、行政、医療、福祉などの支援者とピア（当事者）が連携していく必要がある。

また来年は日本多胎支援協会の全国フォーラムが6月30日に佐賀県で開催される。「さが多胎ネット」を発足してすぐの大きな事業で不安もあるが、佐賀の多胎支援にとっては大きな一歩だ。これからのネットワーク構築を願って、みんなで頑張ろうと思う。

「孫育て」で思うこと

1月16日

昨年1月に孫が生まれた。それから程なく玄海町から「孫育て」をテーマに二つの園での講演の依頼があった。

私は双子を含む3人の母親だが、双子育児はとても大変だったので祖父母が大活躍した。今、振り返ってありがたいと思うのは、子育ての主体は私で、祖父母はそれができるようにサポートしてくれたことだ。今の母親たちはどうだろうと思い、子育てサークルに来ているママたちに、祖父母に「してもらってうれしかったこと・してほしくないこと」を聞いてみた。時代は変わっても求めていることはほぼ私と同じだった。

その中で、あるママの子どもの頃の体験談がとても心に残った。「母は仕事が忙しく祖母に育てられた。いつも心のどこかで母を求める気持ちがあった。今自分が母親になり子育てに奮闘しているが、ある日、母から『私もあなたを保育園に送り迎えしたかった。子育てしたかった』と言われた。そうだったのか。それを聞いてすべて理解できた。胸がスーッと軽くなった。これからもっと母も祖母も大切にしたいと思った」というものだった。私はなんとも言えない感情が込み上げ胸が熱くなった。

子育ての主体を間違えないようにしよう。孫は子どもが育て、私は子どもが親になっていくためのサポートをしよう。親になっていくこの子の気持ちを聞いて寄り添っていこう。「孫育て」はそういうことだと思った。

生かされない教訓

2月13日

父親から虐待を受け死亡した小学4年生の心愛《みあ》ちゃん。学校でのいじめのアンケートに、父親から暴行を受けていることを訴えたのに、なぜ心愛ちゃんの命を救うことができなかったのか！　ましてやそのアンケートを教育委員会が父親に渡してしまった。これが虐待をますますエスカレートさせたことは想像がつく。心愛ちゃんは「助けてと言ったのに、先生は、大人は、誰も助けてくれない」という絶望と悲しみのなかで亡くなったと思うと本当に胸が痛くなる。昨年3月には5歳の結愛《ゆあ》ちゃんの虐待死亡事件があった。その時の教訓がなにも生かされていないことも大変ショックだった。

6日に佐賀市アバンセで開催された「佐賀市児童虐待防止専門化講座」で福岡市子育て見守り訪問の活動をする山口氏の話を聞いた。今回の事件にも触れながら言われた言葉

「事件の父親が逮捕されたらそれで解決したのではない。このような虐待がなくなるような社会にならないとなにも変わらない」が強く心に響いた。

宮城県では双子の1人が虐待死亡する事件があった。多胎児の虐待死亡率は1人ずつ生まれる子どもと比べると2・5~4倍と言われている。今年5月には、妊娠期からの切れ目のない多胎支援を目指し、行政・医療・福祉などと多胎育児経験者団体が連携する「さが多胎ネット」が発足する。これが、すべての子どもたちを守る礎になると信じて。

大変なママの支えに

3月13日

3月春。いろいろな節目を迎える時期。「双子・三つ子サークルグリンピース」は発足して15年。私はずっと代表を務めてきたが3月で辞任することになった。5月25日(ふたごの日)に発足する「さが多胎ネット」の代表に就任し、2年前から始めた多胎支援活動をさらに広げる予定だからだ。

こういう活動の悩みは、なかなか役員をしてくれる人がいないことだ。私も来年度のグリンピースの役員はどうなるかと不安だったが、会員ママたちは私の事情を理解してくれ、みんなで話し合い役員が決まった。

そして早速自ら考え動きだしている。小さな双子を連れてサークルに来るだけでも大変だろうに、なぜ役員をしようと思ったのか聞いてみると「双子の妊娠・出産はとても不安で、育児は本当に大変だった。グリンピースのおかげで同じ双子ママたちに出会うことができ、子どもたちの成長とともに気づけば少し気持ちに余裕ができた。あのつらかった時の私にこんな日が来るなんて夢にも思わなかった。自分が役員になることでグリンピースに恩返しができ、今大変なママたちの支えに少しでもなれたらいいなと思った」と話してくれた。

そうそう、私もママたちと同じ気持ちだった。ずっとやり続けてきてよかったと心から思い、続けられたことへの感謝の気持ちでいっぱいになった。

私は新たなステージに行くが、そこにはグリンピースの活動で育まれた思いがある。若い多胎親子をこれからも支えていけたらと思う。

育児経験者が連携し会発足

4月10日

昨年1月に愛知県豊田市で三つ子の次男を虐待死させてしまった母親の裁判で、3年6カ月の実刑判決が下された。今この判決を巡ってさまざまな声が上がっている。

私は双子の母親で双子の子育ての過酷さを体験した。この事件は三つ子だ。3人の授乳は1日最低でも24回だったという。それに3人のおむつ替えや沐浴《もくよく》をしたり、泣く子をあやしたりするだけでもどれだけ大変だったか！　自分の睡眠時間はほとんどなかったはずだ。また、この母親は健診時に「子どもの口を押さえてしまった」と話したにもかかわらず、支援の手が差し伸べられることはなかった。母親は極度の鬱《うつ》になりながらも懸命に子育てをしていたという。もちろん子どもの命を奪ってしまったことは決して許されることではないが、この母親に適切な支援がなされていれば救えた命だったと思うと、本当にいたたまれない気持ちになる。

私たちは行政、医療、福祉などと多胎児育児経験者が連携し多胎支援をする「さが多胎ネット」を5月25日（ふたごの日）に発足させる。

また6月30日の午前10時～12時半、佐賀市メートプラザで、日本多胎支援協会の「全国フォーラム」が開催され、その協力団体として準備を進めているところだ。このフォーラムでは、今回のような多胎児虐待事件から多胎家庭の現状を知り、どのような支援が必要かを考えていく。佐賀県でこのような事件が起きないように！

妊娠早期から支援情報を　5月8日

6月30日午後2時半から、佐賀市のほほえみ館で、「ふたご手帖」を用いた専門職向け研修会「多胎家庭支援のポイント」（主催＝双子・三つ子サークルグリンピース）を開催する。

ふたご手帖とは、多胎研究の第一人者である大木秀一教授（元石川県立看護大学）が長年にわたる調査・研究データを元に、各地の多胎育児経験のある多胎支援者と共に、ふたご妊娠から1歳くらいまでの多胎家庭に必要な情報をまとめたものだ。

多胎の妊娠・出産は高リスク。出産後は外出困難になりがちで孤立しやすい。さらに多胎の情報は極めて少ないため育児不安は非常に高く、虐待死事件の発生率は単胎家庭の2.5～4倍という。こうした多胎妊娠・出産・育児に関する情報を当事者が妊娠早期に正しく知ることができれば、これからに向けての心構えと準備ができ、先の見えない不安は軽減されるだろう。佐賀県でも多胎家庭に妊娠早期から多胎の情報を伝えてほしいと願い、この専門職向けの研修会を企画した。

同日午前中は、隣のメイトプラザで日本多胎支援協会主催の「全国フォーラム」が開催され、午後からはこの研修会。多胎家庭の現状を知り、具体的にどのような支援をしていくのか。多胎支援について学びの多い一日になると期待している。

「さが多胎ネット」が発足　6月5日

5月25日、「さが多胎ネット」が発足した。多胎の妊娠・出産は大変リスクが高く、育児は非常に過酷だ。多胎家庭の虐待死の発生頻度は一般家庭の2.5~4倍高まるといわれている。そんな多胎家庭を、多胎育児経験者と行政、医療、福祉、子育て支援者などが連携して支援をしていくことが目的だ。

私自身双子の母親。長い間多胎サークル「グリンピース」の活動をしてきた。「さが多胎ネット」発足に至ったきっかけは、3年前に多胎研究者の大木秀一教授の研究メンバーとして「ふたご手帖」の作成に携わったこと。全国の多胎支援の先駆者たちと出会い、「佐賀の多胎支援をなんとかせんば!」と思った。

その年、大木教授による「多胎支援はなぜ必要か」の講演会を開催。翌年、グリンピースを中心とした仲間で多胎支援活動を始めた。ピアサポート活動(佐賀病院での多胎妊婦との交流会や、佐賀市で母子保健推進員として多胎の赤ちゃん訪問など)や啓発講演会、昨年は「多胎ファミリー応援フェスタ」を開催した。

県内各地から多胎支援の仲間(多胎ではない人も含む)も増えてきた。そして県全体を視野に入れた多胎支援団体を発足させる必要性を感じ「さが多胎ネット」が発足した。発足まで3年間の準備期間が必要だったのだと振り返り思う。

これからがスタートだ! 30日は日本多胎支援協会の全国フォーラム(さが多胎ネット発足記念講演会)が佐賀市ほほえみ館で開催される。頑張るぞ!

本格スタート　頑張るぞ！

7月3日

6月30日、日本多胎支援協会主催の全国フォーラム（さが多胎ネット発足記念講演会）が、佐賀市メートプラザで開催された。テーマは「今、多胎支援が必要な理由は？～知ってほしい！　多胎育児の過酷な現状を～」。愛知県の三つ子の虐待死事件を受けて、全国で多胎支援の必要性を取り上げるニュースが報道されていることもあってか、参加者は約230人を超え、来賓には佐賀県知事、佐賀市長、伊万里市、唐津市、鳥栖市の副市長が出席。多胎支援への関心の高さがうかがえた。

フォーラムでは、まず厚労省の國松弘平氏から「行政説明」の後、双子の母親で弁護士の間宮静香氏が、多胎児虐待裁判から見える多胎育児の過酷な現状について講演した。会場では涙する多胎児の母親たちの姿に、多胎育児の過酷さが想像された。最後に「多胎支援の必要性とそれぞれの立場に求められる支援」と題して服部律子氏（岐阜県立看護大学教授）が講演し、佐賀の多胎支援の今後の在り方を考える機会となった。

5月25日に「さが多胎ネット」が発足して間もなく開催されたこの全国フォーラムは、佐賀県の行政、医療、地域支援者と多胎育児経験者をつなぐきっかけになった。このつながりを生かして、これからの佐賀の多胎支援は本格的にスタートする。頑張るぞ！

貴重な学びの機会に

7月31日

5月に発足した「さが多胎ネット」。6月30日午前には日本多胎支援協会の全国フォーラム、午後からはふたご手帖を使った専門職向け研修会「多胎家庭支援のポイント（2019年度社会福祉助成事業）」の開催に携わり、佐賀県全体に多胎支援の機運が高まっている。

そして12月には、具体的な支援策の一つとして「多胎ファミリー教室（地域いきいきさがふれあい基金助成事業）」が佐賀県で初めて開催される。この教室の開催に向けて「多胎ファミリー教室運営講座」を9月8日午前10時〜午後0時半、佐賀市ほほえみ館で行う。

多胎の妊娠、出産、育児は非常に高リスクで、出産後は外出困難、情報不足、育児困難などになりやすい。これらを防ぐためには妊娠期からの支援が必要だ。「運営講座」は医療、行政、専門職や多胎育児経験者のスタッフなどが対象で、教室を開催するためのノウハウを学ぶ。そして12月の「多胎ファミリー教室」の開催に向けて準備をしていくことになる。

講師は「運営講座」、「多胎ファミリー教室」共に、服部律子氏（日本多胎支援協会理事、岐阜県立看護大学教授）。支援のスタートである多胎ファミリー教室を、佐賀に定着させるための貴重な学びの機会になるだろう。

悩み共感し学び合う

8月28日

「双子・三つ子ママの元気が出る子育て講座」（佐賀市委託講座・全5回）が9月26日から始まる。

双子・三つ子など多胎の妊娠、出産、育児は高リスクだ。一度に2、3人の赤ちゃんの育児は非常に過酷で多胎家庭は外出困難になりやすく孤立しやすい。一方、そのような状況の多胎家庭に対し妊娠、出産、育児の情報は極めて少なく、同じような多胎育児経験者が身近にいないことで育児不安も非常に高い。

この講座は、日頃は多胎児育児に追われ振り返る時間もない母親たちが、子どもたちを託児に預け、ゆっくりと子育てや自分自身を振り返り、双子や三つ子ならではの子育ての仕方や工夫を教え合い、悩みを共感し、お互いに楽しく学び合うことができる。

今年もきっと有意義な講座になると思う。講座受付は9月2日から13日まで。

子育てや自分自身を振り返ることができる講座（昨年の講座から）

心込めて育児の力に

9月25日

12月8日に佐賀で初めて開催する「妊娠期からの多胎ファミリー教室」（地域いきいきさがふれあい基金助成事業）に向けた運営講座を、9月8日、佐賀市ほほえみ館で開催した。講座には保健師、助産師、子育て支援者、ピアサポーター（多胎児育児経験者）ら22人が参加した。

まず「妊娠期からの多胎ファミリー教室を知ろう」と題し、服部律子氏（岐阜県立看護大学教授）の講義があり、多胎の妊娠はハイリスクで、1人ずつの出産とは全く違うこと、だから多胎の妊娠家族に特化した教室が必要なことなどの話があった。

その後、糸井川誠子氏（NPO法人ぎふ多胎ネット理事長）の指導で、ワークショップ「妊娠期からの多胎ファミリー教室を企画しよう」があった。4つのグループに分かれた参加者は、企画で大事にしたいことや具体的な企画について意見を出し合った。

参加者からは「妊娠期からの正しい知識や情報を家族も知って、これからの多胎児育児に覚悟を持つことが本当に大切だと感じた」「地域や医療、ピアサポーターなど、さまざまなチームでの支援ができれば、多胎ファミリーの大きな力になると思う」などの感想があった。

もうすでに「多胎ファミリー教室」に向けて準備は始まっている。みんなで心を込めて多胎妊婦家族を迎えたいと思う。

応援フェスタ待ってるよ！

10月23日

11月17日午後0時45分～同4時まで、佐賀市ほほえみ館で「第2回多胎ファミリー応援フェスタ」（佐賀銀行社会福祉基金助成事業）が開催される。多胎とは双子や三つ子などのこと。多胎家族が大集合するイベントだ。

フェスタでは、パパ・ママの子育て座談会や、多胎支援情報コーナー、佐賀女子短大の学生による遊びのコーナーなどがあり、親子で楽しめる。また多胎家庭の生活をテーマにした展示や妊婦体験、おんぶ抱っこ同時体験会などもあり、行政・医療・子育て支援者など多胎家族に関わる方にもぜひ来て、多胎家庭の生活を実感してほしい。

さまざまな遊びを楽しむ「多胎ファミリー応援フェスタ」

多胎児を連れての外出は大変勇気が

いるものだ。安心して出掛けられる場所はとても少ない。また多胎家庭同士が知り合える機会は少なく、多胎育児の情報も少ないため、不安な気持ちで育児をしている人がほとんどだ。

そんな不安な気持ちを分かり合えるのは同じ多胎児の親同士だと思う。ここにくれば仲間に会える！　サポートしてくれるスタッフもいる。多胎ならではの喜びも不安も、みんなで共有しよう！　待ってるよ！

仲間に会える機会が大切

11月20日

17日、佐賀市のほほえみ館で「多胎ファミリー応援フェスタ」（佐賀銀行福祉基金助成事業）が、開催された。

双子や三つ子ら多胎児を連れての外出はとても大変で、出掛けたとしても多胎家族に出会うことはほとんどない。子育ての悩みも工夫の仕方も多胎ならではのことが多い。そんな多胎家族が大集合するイベントだ。延べ２００人を超えた参加者は、パパ・ママの座談会や双子コーデファッションショー、佐賀女子短大の学生による遊び場など、親子で楽しんでいた。

アンケートには「たくさんの双子家族に会えてうれしかった」「初めての妊娠が多胎で

不安だったが、先輩の話を聞くことができ、心のもやもやが晴れた気がする」「パパの座談会で話せて良かった。日々の苦労も喜びも分かち合っていきたい」などの感想があり、やはり多胎仲間に会える機会は大切だと思った。

12月8日には佐賀で初めての「妊娠期からの多胎ファミリー教室」を開く。多胎妊婦とその家族が対象の教室で、1人の場合とはかなり違う多胎の妊娠・出産について知り、これから始まる多胎児育児について先輩夫婦と情報交換する。私は多胎育児のことを何も知らずに手探りでやったので本当に大変だった。こんな教室があれば覚悟ができて違っただろう。

「支援の始まり」肝に銘じ

12月18日

12月8日、佐賀で初めて「妊娠期からの多胎ファミリー教室」を佐賀市ほほえみ館で開催した。多胎妊婦家族5組8人と保健師や助産師などの専門職10人が集まった。

まず服部律子教授（岐阜県立看護大学）から「多胎の妊娠出産の特徴と注意点」の講義があった。「36〜37週で、2200グラムほどで生まれるのが平均で、そこまでいけば花丸です」の言葉に参加者は驚きと安心の表情を浮かべた。

次の佐賀病院産婦人科師長の「病院での出産と赤ちゃんの様子」の講話、佐賀市保健師からの「行政などのサービスの紹介」の話は参加者にとって産後の安心感につながった。その後、パパとママのグループに分かれ、先輩パパママと交流し情報交換。これから始まる双子育児の具体的な工夫の仕方や上の子のケア、ママをどう支えるかなどの話で、時間があっという間に感じられた。

来たときは不安そうな表情だった妊婦家族も、帰りには笑顔に。この教室を開催して本当に良かったと思う。教室の準備期間の中で日本多胎支援協会の糸井川理事が「この教室が支援の始まり」と言われたが、本当にそうだと思った。

参加家族はこれから始まる大変な多胎児育児に覚悟を持ち、何かあれば私たちがいることを感じてくれたと思う。今後もこの教室を開催していきたい！

感謝の気持ち　トーチに託す　1月22日

2020年東京オリンピックの聖火ランナーをすることになった！　私が聖火ランナーになれたのは、長年活動してきた多胎支援活動があったからだと思う。その活動がこういう形で認められ、感謝の気持ちでいっぱいだ。たくさんの方々からお祝いの言葉をいただき、この大役を無事に果たさなければと思っている。

私は活動を通してたくさんの人に出会うことができた。私自身が双子育児で心身ともに疲れ切った時期に出会った双子先輩ママ。「必ず楽になるから今は大変だけど頑張って」と励まされたことが生きる希望になった。次の多胎児ママたちにその言葉を言ってあげたいと、01年から始めた多胎支援活動。04年に「双子・三つ子サークルグリンピース」を発足。多くの多胎児家族たちと出会い一緒に活動してきた。その活動を応援してくれたたくさんの方々。そして昨年5月に「さが多胎ネット」が発足した。

やめようか…と思ったこともあったが、みんなから「もしグリンピースがなかったらどうなっていたか…グリンピースがあってよかった。ありがとう」と言われるとやめられなかった。みんなが私に活動を続ける力をくれた。

5月11日、たくさんの人がつないできた聖火を次の人にしっかり渡したい。仲間を代表し感謝の気持ちを聖火に託して走ろうと思う。

大丈夫か？ みんな悲鳴

2月19日

私は小さな子どもの母親と話す機会があるが、今の話題のトップは就園の話だ。

3歳児からの幼児教育・保育が無償化になった。3歳になったら就園させたいが、すぐに受け入れてくれる園はほとんどない。もっと早く働きたいと思うが、多胎児は一度に2、3人の就園になるのでますます厳しい。多胎妊娠は安定期がなく、そのために退職したが、また仕事復帰しようとしても就園できなければ働けない。経済的負担も大きいのにと不安そうに話す。

また、子ども・子育て支援新制度は、共働きをしていない家庭にはほとんどメリットがないという。以前は困った時に無認可の園が助けてくれたが、今はほとんどなくなり、仕事をしていないとどこも子どもを預かってくれない。一時預かりは、一度に数人預かる枠はほとんどない。また数人分の利用料が高く頻繁に利用できない。ファミリーサポートなどもそうだ。

これは多胎に限ったことではない。昨今は園を確保するために就園の年齢はどんどん早くなる。せめて1歳までは子育てしたかったという母親も多い。

一方、保育士不足は非常に深刻だ！　その影響は園の保育のみならず、子育て支援にも大きく影響している。

大丈夫か！　みんなが悲鳴を上げている。安心して子どもを産み育てることができる社会になるのではなかったのか？

子どもの未来に幸あれ

3月18日

今回で「ともしび」の執筆を終了することになった。

私がコラムを書くようになったのは２００３年。「日だまり」だった。09年で終了し、12年から始まった「ともしび」に書かせてもらってきた。

初めて「日だまり」に書いた時は双子の子どもは小学４年、下の娘は小学1年だった。私は「双子・三つ子サークルグリンピース」を含む三つの子育てサークルを立ち上げたころ。私自身が子育てサークルに救われ、この活動に導かれたこともあり、テーマは子育てや子育て支援に関するものが多くなった。

初めて「日だまり」に書いた日から17年がたった。子どもたちを取り巻く環境は良くなっただろうか？また異常気象や地震などの大規模な災害、今は新型コロナウイルスが日々の生活を脅かしている。いろいろな悲しい犯罪や虐待事件などは後を絶たない。

先月2人目の孫を授かり、上の2歳の孫を連れて子育てひろばに足を運んだ。若い親子の姿はなんとも言えずいとおしい。今まで当たり前と思っていた生活がどんなに幸せなことか。子どもたちの姿にみんなが笑顔になる。どうか、かけがえのない子どもたちの未来が幸せなものでありますように。私たち一人一人は微力だが、集まればきっと何かができる。そう信じて、これからも歩いて行こうと思う。

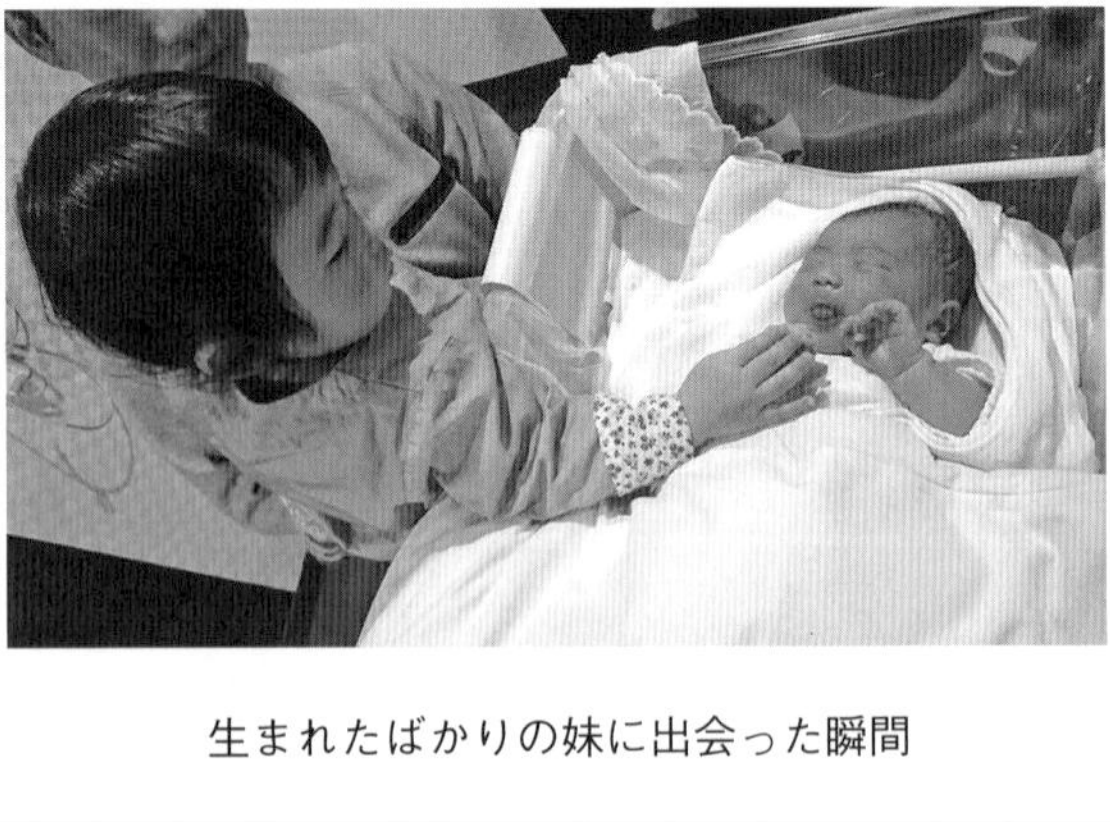

生まれたばかりの妹に出会った瞬間

あゆみ

中村　由美子　　1965（昭和40）年10月10日生まれ

1986（昭和61）年３月　佐賀女子短期大学児童教育学部初等教育学科専攻 卒業
　　　　　　　　４月　佐賀女子短期大学付属ふたば幼稚園 教諭（1989年３月まで）
1990（平成２）年６月　結婚。専業主婦になる
1992（平成４）年４月７日　双子出産（長男・長女）
1995（平成７）年10月30日　次女出産
1997（平成９）年４月　双子が幼稚園入園
　　　　　　　　５月　次女と子育てサークル入会
2000（平成12）年４月　若楠にこにこ子育てサークル発足（212ｐ参照）。代表に（2011年３月まで）
2001（平成13）年４月　若楠にこにこ赤ちゃんサークル発足（213ｐ参照）。代表に（2009年３月まで）
2003（平成15）年１月　佐賀新聞コラム『日だまり』スタート（2009年３月まで）
2004（平成16）年４月　双子・三つ子サークル「グリンピース」発足（214ｐ参照）。代表に
2005（平成17）年５月　佐賀市子育てサークル連絡会副代表（215ｐ参照）
2007（平成19）年５月　佐賀市子育てサークル連絡会代表（2009年５月まで）
2008（平成20）年　　　佐賀女子短期大学子育てコミュニティカレッジコーディネーター
2009（平成21）年４月　佐賀新聞地域リポーター『まちの話題』スタート（2011年９月まで）
2010（平成22）年４月　佐賀女子短期大学非常勤講師
　　　　　　　　　　　子育てコミュニティカレッジスタッフ（2016年３月カレッジ終了）
2011（平成23）年10月　佐賀新聞コラム『ともしび』スタート（2020年３月まで）
2016（平成28）年４月　大木秀一教授（石川県看護大学）の多胎研究プロジェクトメンバーに
2017（平成29）年４月　グリンピースで「多胎支援活動」を開始する
2018（平成30）年３月　ふたご手帖プロジェクトが発足（216ｐ参照）。委員になる
　　　　　　　　４月　さが多胎ネット準備会が発足（217ｐ参照）。代表に
2019（令和元）年５月25日　さが多胎ネットが発足し代表に。日本多胎支援協会理事

活動の団体紹介

「若楠にこにこ子育てサークル」

私が代表をしている期間は若楠公民館で月2回開催していた。

2000年（平成12年）発足当時は子育てサークルの数も少なく、40組の会員ママたちを班に分けて交代でサークルを運営していた。季節の行事や、絵本の読み聞かせ、おしゃべりタイムなど、会員のママたちが主体的に活動に携わっていた。年に数回、佐賀市の地域子育て支援センターの出張サロンに来てもらうこともあった。しだいに子育て支援が盛んになり、いろいろな子育て支援の場が増えて、会員数はだんだん少なくなってきた。

私が代表を辞任し相談役になったころは、子どもたちの就園の時期や、ママたちの仕事復帰の時期も早くなったこともあり、地域の子育てサークルに来る親子が少なくなってきた。そこで、現代表やスタッフと一緒に班体制や活動内容を見直してきた。

現在は、ひろば型のサークル運営をしている。

「若楠にこにこ赤ちゃんサークル」

若楠にこにこ子育てサークルの姉妹サークルとして発足。当時、子育てサークルには先輩ママが20人ほどおり、親子のサポートをしていた。また活動を通して、子どもが歩く前と歩き出してからは、子どもの活動もママの悩みも変わってくることを感じていた。そこで先輩ママたちが運営する「赤ちゃんサークル」を発足させることになった。赤ちゃんサークルから子育てサークルへ。子育てサークルで班活動を経験したママたちが先輩ママになり赤ちゃんサークル運営をするという、循環型の姉妹サークルになった。

しかし、時代の流れで、にこにこ子育てサークルでも書いたような社会の背景が変わっていった。しだいにサークルに来る親子は低年齢化していき、子育てサークルと赤ちゃんサークルを分けてやる必要性がなくなっていった。

赤ちゃんサークルは2013年（平成25年）3月終了し、子育てサークルのみの活動へと移行した。

「双子・三つ子サークル　グリンピース」

多胎の妊娠・出産・育児は大変リスクが高い。そこで佐賀市は2001年（平成13年）に多胎の親子が交流できる場を提供することを目的として多胎親子対象のひろばを始めた。私はそのひろばをボランティアで手伝うことになった。それから3年後、2004年（平成16年）に市民活動の多胎児育児サークルとして「双子・三つ子サークルグリンピース」は発足した。発足の際に「多胎児育児のリスクを市民活動だけでは担えない」ことを佐賀市と確認しあい、発足からずっと「グリンピース」は佐賀市と協働の活動をしてきた。

「グリンピース」はサークルだが、サークルとはいえ、先輩ママが親子会員をサポートする先輩ママ会員、会報で自宅にいても情報を得られつながることができる会報会員や、助成金を獲得して「多胎児育児連続講座」を実施するなど、積極的な多胎支援活動を展開していった。

このような活動が「さが多胎ネット」の基盤になっている。

「佐賀市子育てサークル連絡会」

佐賀市内の地域子育て支援センター（現在12カ所）の支援を受けて活動している公民館や子育てサークル同士の情報交換の場として2000年（平成12年）に発足。会を構成するサークルから選出された役員が運営にあたり、活動のレベルアップと後継者の育成を円滑に行えるように活動することを目的としている。事務局は佐賀市子育て支援センター「ゆめ・ぽけっと」。

サークル同士の情報交換をするための交流会を企画・実施。総会には、佐賀市や、地域子育て支援センターからも参加がある。その他、佐賀市が開催する指導者研修会に参加するなどスキルアップにも努めている。

佐賀市のように、地域の親子の交流の場として活動しているサークルやサロンが連絡会を設け、行政と連携し、長年にわたり活動を続けていることは、全国的にもほとんど例がないだろう。

私は「相談役」として携わっているが、これからも若いママたちが活動していく姿を見守り応援していきたいと思う。

「ふたご手帖プロジェクト」

２０１６年（平成28年）４月、多胎研究の第一人者の故大木秀一教授は、石川県立看護大学学内研究助成を受けて、双子用母子健康手帳開発プロジェクトを発足。メンバーは研究者2人、専門職、当事者（多胎育児支援に精通した全国の６人）で構成され、私はそのメンバーの１人となる。

翌２０１７年（平成29年）までに双子用母子健康ニーズ調査や児の身体発育調査等を実施、その結果とプロジェクトメンバーの経験や知識を融合した「ふたご手帖」を作成した。２０１８年（平成30年）３月、「ふたご手帖完成記念講演会」（金沢）を開催。多胎家庭はもちろん、専門職にも役立つ内容だと、行政保健師や地域の助産師からも好評で「ぜひ販売してほしい」との声を多数いただいた。

同年3月、多胎の妊婦やその家族が日本全国どこにいても多胎の妊娠・出産・育児についての情報がもらえる社会となることを目指し、「ふたご手帖」の全国普及を図るため「ふたご手帖プロジェクト」（代表・大木秀一）を結成した。

２０２０年（令和2年）７月現在、代表・彦聖美（金城大学教授）。ふたご手帖は県や市町など30を超える自治体から多胎家庭に配付されるようになっており、今後もますます全国にふたご手帖が行き渡り多胎家庭の子育ての励みになることが期待される。

「さが多胎ネット」

私は「ふたご手帖プロジェクト」に携わったことで、多胎支援の先駆的な活動をしている仲間と出会うことになった。全国には「多胎ネット」という地域ネットワークがある県も存在することも知った。また、ふたご手帖の作成をしながら、改めて多胎家庭への支援の必要性を学ぶことになったのである。

「佐賀県の多胎支援はまだまだだ！なんとかせんば‼」と思った‼

２０１６年（平成28年）にプロジェクトの会議を佐賀で開催することになった。その機会に、故大木秀一教授（元石川県立看護大学）に「多胎支援はなぜ必要か」というテーマで講演をしていただくことになった。グリンピースの先輩ママに協力を求め「有志の会」という仲間を呼びかけたところ、16人が集まった。佐賀県や佐賀市、その他の行政関係者や、佐賀病院などの医療関係者、福祉や地域支援者などにも参加を呼びかけ、講演会には１００人ほどが集まった。

次の年（２０１７年）には、佐賀県も動き出した。全国的にもめずらしい多胎家庭を対象にした子育てタクシーチケット2万円分の助成を開始。母子保健推進員研修会では多胎支援がテーマになったのだ。さらに翌年（２０１８年）、佐賀で初めての「多胎ファミリー応援フェスタ（佐賀新聞社ばぶばぶ基金助成事業）」を開催した。その他にもいろいろな基金から助成を受け、講演会や多胎妊婦ファミリー教室などの事業を展開していった。

そして2019年（令和元年）5月25日に「さが多胎ネット」が発足した。6月に開催された「日本多胎支援協会全国フォーラムin佐賀」では協力団体として企画・実施に携わった。フォーラムでは、知事や4市の市長、副市長を来賓にお招きし、会場には230人もが来場した。

2020年（令和2年）4月、佐賀県は多胎支援のための予算を組み施策を展開していくことになった。さが多胎ネットも佐賀県とともに多胎支援を実施していく。

行政、医療、福祉、地域支援者等と、多胎児育児経験者であるピアサポーターが、それぞれの立場で連携していくことを目指した「さが多胎ネット」。多胎の妊娠期からの切れ目のない支援を目指して、これからも1歩1歩、歩いていきたい。

あとがき

本を出版することになり、17年も書き続けてきたこれまでの原稿を改めて読み返した。その時その時の時代を感じる内容もある。子育てと子育て支援がテーマの執筆となった。このような機会をいただいたことに心から感謝している。

今回、佐賀女子短期大学学長の田口香津子先生に「出版に寄せて」のメッセージとイラストをお願いした。どなたかに依頼することになったとき、真っ先に田口先生の顔が浮かんだ。私はきっと必死で「私を助けて～」と言わんばかりの交渉をしたに違いない。先生の日々の忙しさはきっと私の想像もつかないことだと思うが、快く引き受けてくださった。そしてやっぱり田口先生でよかった！　素敵なイラストにメッセージ、そこに書いてある、私という人物の考察？分析？　もその通りで笑える。

先生の原稿に私の子育て体験談が書いてある。その通り、私は双子育児で疲れ果てて自信喪失・自己嫌悪の日々を過ごした。その時期に私の転機が2回あった。2回目は先生が書いてくれた買い物の双子の先輩ママとの出会いなのだが、その前にもう1つある。

それは、双子の初めての冬の時期のこと。双子は病気のうつしあいで病気ばかりだった。私はほとんど寝られない日々で、毎日毎日、病院通い。本当に心身ともに疲れ果ててしまった。そんな時に「一瞬、疎ましく思ってしまった」瞬間があった。私は自分を母親失格と責めた。いつ、また、バカなことをするかもしれない。怖くて苦しくて、私は実家に電話をした。電話にでた父は「死ぬな！殺すな！そうなる前にこっちに帰って来い」と言ってくれた。佐賀の家族も私を支えてくれたのだが、双子の育児はその家族をも疲弊させていく。それから実家と佐賀を行ったり来たりするようになった。みんなに迷惑ばかりかけて…自分の子どもも育てられない私なんて、この世にいないほうがましだと自分を追い詰めていった。

そんなある日、双子の天使のような笑顔が目に飛び込んできた。私は涙が止まらなかった。自信喪失・自己嫌悪でボロボロの私でも丸ごと「おかあさん」と思ってくれている。「子どもたちのほうがずっと偉い」と思った。「この子たちが私をおかあさんにしてくれる。この子たちと一緒に少しずつおかあさんになろう」。肩から力が抜けた。子どもたちを抱きしめ、心から「愛おしい」と思った。これが1回目の私の転機だ。気持ちが変わると同じ生活でも受け取り方が変わった。やはり1人では子育てできない私だったが「助けてもらえるうちはまだましだ。これからも助けてもらえる自分でいよう」と思えるようになった。

双子が3歳の時に下の娘を授かった。これが双子の後の娘ということもあって、すごく楽で気持ちに余裕があり、それはもう可愛くてたまらなかった。こんな気持ちを味わうことができたのは下の娘を授かったおかげだ。

私は5年前の誕生日（2015年10月10日）の朝、それまでの50年を振り返りながら、フッとこう思った。「いろいろなことがあった。でもそれは今の私にはすべて必要だった。

私はこれから何年生きるだろう。元気に活動できるのは20年ほどだろうか…。残りの命、何に使おうか。できれば心穏やかに過ごしたい。でもきっとこれから起きることもすべて私にとっては必要なことなのだろう。何が起きたとしてもその流れに身を任せて生きていこう」。しかし、「心穏やかに過ごしたい」という思いは程なく崩れ去った。そして激動の5年間になるとは…。

まずは2016年3月に佐賀女子短期大学子育てコミュニティカレッジが終了することになった。私は非常勤講師をしながら6年間カレッジの仕事をした。代表の吉牟田美代子先生は学生時代の恩師。先生のもとで仕事をした6年間は保育と子育て支援の学び直しの日々だった。このありがたい日々は今の私の力になった。

そんな時に「ふたご手帖」作成を手掛けた、元石川県立看護大学の故大木秀一教授の研究プロジェクトメンバーに声がかかった。初めてメンバーに会ったのは2016年2月。この会議が私に大きな衝撃を与えた‼ それからのことは「さが多胎ネット」の紹介をぜひ読んでいただきたい。裏話だが、この初めての会議のときに「とんでもないところに来てしまった！ レベルが違いすぎる‼」とホテルの部屋で心から後悔した。しかし次の日の会議で、今後3回ある会議をどこでやるか、もし会議のお世話を引き受けてくれれば、プロジェクトメンバーがその開催地に必要な企画を一緒にやることになったのだ。私は自問自答した。「これはチャンスだ！ 大木教授に多胎支援の必要性を講演してもらえる。だが、講演会をやるのは大変だぞ！もしやったとして、それで佐賀県は動くだろうか⁉」こういう時、私はわからないなら、やるほうを選んでしまう。私はまんまと餌に飛びついてしまった。激動の5年間はこうして始まった。私はさらなる多胎支援のステージに導かれたのだと思う。

今、5年前の誕生日の時には思いもしなかったことばかりだ。そもそもこの本を出版することも想像もしていなかった。でもきっとこれから起きることもすべて私にとっては必要なことなのだろう。その流れに身を任せて生きていこうと思う。

最後に、私は双子の母親で心から良かったと思う。そうでなければ今の私はなかった。そしてとても幸せだ。3人の子どもたちと主人、義母、孫たち、私を生み育ててくれた両親、実家の家族、仲間たち、友人、これまで出会った本当にたくさんのみなさんに心から感謝してやまない。

心からありがとう!

中村　由美子

みんなしあわせになあれ!!

ふたごママ子育て支援奮闘記

ー佐賀新聞「日だまり」「ともしび」よりー

2020年10月10日発行

著　者　中村由美子

イラスト　田口香津子

発　行　佐賀新聞社

販　売　佐賀新聞プランニング

〒840-0815　佐賀市天神3-2-23

電話　0952-28-2152（編集部）

印　刷　佐賀印刷社

定価（本体1,000円＋税）